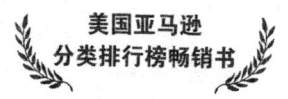
美国亚马逊
分类排行榜畅销书

FINAL GIFTS
最后的拥抱

[美]玛姬·克拉兰 / 派翠西亚·克莉 著

李文绮 译

华夏出版社
HUAXIA PUBLISHING HOUSE

图书在版编目（CIP）数据

最后的拥抱/（美）玛姬·克拉兰(Maggie Callanan)，（美）派翠西亚·克莉(Patricia Kelley)著；李文绮译. --北京：华夏出版社，2017.9
书名原文：final gifts
ISBN 978-7-5080-8908-9

Ⅰ.①最… Ⅱ.①玛… ②派… ③李… Ⅲ.①临终关怀－通俗读物 Ⅳ.①C913.9-49

中国版本图书馆CIP数据核字(2016)第173923号

简体中文版版权©2017由华夏出版社出版
Final Gifts:understanding the special awareness ,needs and communications of the dying
Original English Language edtion Copyright © 1992 by Patricia Kelley and Maggie Callanan
All rights reserved.
Published by arrangement with the original publisher ,SIMON &SCHUSTER,INC.
本书译本由野人文化股份有限公司同意授权，中文繁体字版书名《最后的拥抱》。
未经出版者预先书面许可，不得以任何方式复制或抄袭本书的任何部分。

版权所有，翻印必究。
北京市版权局著作权合同登记号：图字01-2012-1821号

最后的拥抱

著　　者	[美]玛姬·克拉兰　[美]派翠西亚·克莉
责任编辑	朱　悦
责任印制	刘　洋
出版发行	华夏出版社
经　　销	新华书店
印　　装	三河市少明印务有限公司
版　　次	2017年9月北京第1版　2017年9月北京第1次印刷
开　　本	880×1230　1/32
印　　张	8.25
字　　数	178千字
定　　价	39.80元

华夏出版社　地址：北京市东直门外香河园北里4号　邮编：100028
网址：www.hxph.com.cn　电话：(010)64663331(转)
若发现本版图书有印装质量问题，请与我社营销中心联系调换。

目录
CONTENTS

推荐序
  人生"善终"的知与行 / 王一方 __ 001
  给临终者以"最后的拥抱" / 刘端祺 __ 007

第 1 章 "该排队了。" __ 015
我们只是聆听，用我们的耳、我们的心、我们的灵魂。现在邀请你，打开心灵，听临终病患想传达的积极正面的最后信息。

| 第一部分
临死觉知：简介和背景

第 2 章 "死亡像什么？" __ 027
一个接近生命终点的人，事实上却能给予你一些启发与安慰，若是陪伴在一旁的你也能予以回报，这将能帮他得到安宁，让他再次体会生命的意义。

第 3 章 "启程" __ 035
身为安宁护士，我们认为自己的角色与助产士恰恰相反，他们协助一个新生命从子宫来到这个世界,我们则是在人生的另一端,协助病人安稳地从活着步入死亡。

第 4 章 "对死亡的反应" ― 043

千万别把自己对死亡的观点强加于他人身上,而应该以临终者的意见为主。

| 第二部分
临死觉知:我现在经历了什么

第 5 章 "地图呢?" ― 079
诚实沟通胜过怜悯。

第 6 章 准备旅行或转变:"我准备离开了。" ― 087
临终者会用象征性语言,隐喻自己大限将近。

第 7 章 与过往的人同在:"我并不孤单。" ― 098
临死觉知当中,最普遍出现的,是宣称遇见过世的亲人或是宗教人物。

第 8 章 预见终点:"我知道将归向何处。" ― 114
许多临终者都说,他们看见旁人无法看见的地方,那里光辉夺目、美丽动人。

第 9 章 预知死亡时间点:"那会是当我……" ― 129
临终者似乎能预知自己的死亡时间,甚至准确到某日和某时。这种预知并不让他们恐慌，反而能平静地告别。

| 第三部分
| **临死觉知：我需要什么才能安宁离去**

第 10 章　"我们一定要去公园。"　__ 147
临终者需要什么才能安宁离去？有人需要与某人和解，有人需要别人帮忙移除妨碍他安宁死亡的事物，有人需要在特定情况之下才能自在辞世。

第 11 章　需要和解："我需要与……讲和。"　__ 156
临死觉知中最重要的意识之一，是需要和某人或某事和解。

第 12 章　被拖住："我被卡住了……"　__ 176
如果临终者被某件未解决的事情"拖住了"，即使死亡已经迫在眉睫，他可能会延缓自己走向死亡的步调，或者加长这段死亡之路的过程。

第 13 章　非语言的沟通："我用行动表示。"　__ 189
临终者，用很多非语言的方式沟通，我们可以从他们的行为或动作得知他们正在体验什么。

第 14 章　象征性的梦："我梦到……"　__ 202
临终者的梦经常和强烈情感有关，而且含有一些线索，暗示了他们的重要需求。

第 15 章　选择时机："时候到了。" __ 213
有一些人，甚至能选择自己离去的时刻。

第 16 章　临死觉知：实战手册 __ 224
当你能照顾好自己，才能把别人照顾好。

推荐序

人生"善终"的知与行

北京大学医学部教授 王一方

在国家经济腾飞,国民生命质量、生活品质大大提升之际,人们便很自然地关注起死亡的品质与尊严来。因此,善终成为一项权利,一项福利。文明社会里,绝大多数人都能通过安宁和缓的医疗通道有尊严,少痛苦,愉悦地步入往生之途,善终也是一个社会的伦理共识,一场自我教育运动。通过新的生死观倡导,学习、交流生命善终的原则和技巧,全社会的每一个成员都将通过相互关爱、呵护,帮助别人或得到别人的帮助而获得善终,这本《最后的拥抱》就是学习"善终"的绝好教本。

中华民族是一个重生轻死的民族,孔子的"未知生,焉知死"常常被人们误读为"珍爱生命"的宣言。于是,时时幻想着颠覆生老病死的自然法则,萌生长生不死(永生)的奢望,拒绝死亡也恐惧死亡,躲避死亡话题的讨论。君不见,产房内外,众亲拥簇,周到备至,相形之下,衰病之躯的临终时节,常常会失落孤寂，即使亲朋环绕，提供良好的躯体、医疗照顾，也无法使受伤的精神得到抚慰，将逝的灵魂得以安顿。因此，尽管我们每个人都希望得以善终，但愿望在现实中常常落空。更多的是在无奈、无措中与亲人草草诀别，留下诸多无法补救的遗憾和撕裂性的别离哀伤。

在完整而丰富的生命历程中，一定少不了最后的送别、告别、道别的节目，也就是说，人的一生中总是会经历几次与亲人、朋友生死诀别的经验与体验，有限生命的境遇里，因为有生死惜别才会滋生对生命的无尽珍爱。这份珍爱也通常表现为对亲人的安宁照顾能力，因此，我们每个人都是安宁护士，在医学生活化的当下，我们离不开医学的专业帮助，但死亡不仅与疾病（造成重要器官功能衰竭）有关，也与衰老（器官组织功能衰退、老化，最后归于停歇）有关，生离死别不只是一个医学与病魔抗争、完成躯体救助的过程，也是灵魂的救赎之旅。技术主义主导的现代医学尽管法力无穷，却无法抵达灵魂安抚的高度，也缺少临终时节（生命终末期）心理与心灵关爱、照顾与顺应的系统辅导。因此，抵达善终的送别是当代临床医学教学中最苍白的一课，无论医生、护士、家人都需要补上这一课。

人们究竟需要怎样的善终与送别呢？《最后的拥抱》里，资深的安宁护士玛姬与派翠西亚用一系列鲜活的安宁护理与送别案例昭示我们，无痛苦，少折磨，不煎熬，死亡过程宁静、温馨，有尊严，有和解，那是最后一次体验亲情和智慧的仪式。生命长河里，亲情、友情是悠长的，但诀别只是一瞬间，一旦逝去，追悔莫及，永远也无法弥补。她们特别强调的是，生命诀别的过程是身心灵三位一体的，身－心－灵同步或者心－灵先于肉身迈向生命的终点，而不是躯体衰亡之时留下无限的心理遗憾和灵魂的无家可归。

这本书不是学理艰深的学术著作，也不是结构谨严的教科书，而是穿越个体丰富经历和体验的安宁护理札记，这种职业笔记传统由南丁格尔所开创，南丁格尔为我们留下的护理学著作就是那部不朽的《护理笔记》，这种文体轻松好读，适应性广，读者不限于医学专业学生和专业人士，而是一部普适的人生教科书。本书中每一个安宁送别的案例都不是简单的故事，而是包含着生死的观念与心态，谈话的方式与语境，沟通的技巧与仪式的叙事医学范本。

刚刚兴起的叙事医学将死亡从急救医学、ICU病房的技术氛围中解救出来，成为一个个生命之火从幽闪，返照，到最后熄灭的文学叙事，读完这些故事，你会觉得临死前的精神世界（作者命名为"临死觉知"）是那么阔达，以至于我们仅仅用病理学（心理与生理）的知识器皿来装盛是那样的局限，有长鞭窄室之困。徜徉在作者的故事里，你会觉得死亡叙事果真是一首诗，一首自我吟唱的诗，还是深情诵诗的美丽仪式，在这个庄严的仪式上，人们从容飞渡孤独、恐惧、沮丧、忧伤的心理峡谷，坦然接纳死期的降临，同时，尽情抒发生命最后的尊严，最后的爱，完成最后的拥抱。从此以后，肉身也可能"零落成灰无觅处"，"化作春泥更护花"，灵魂却腾入天国，自由飞翔，生命得以涅槃，得以重生。

书中死亡叙事的神来之笔是关于死亡历程的诸多"隐喻"，

其中最常见的隐喻形式是"生命的远足",死亡就是跨过一座桥,到远方去旅行,因此,临走之前要"找地图""找护照",叨念着"旅程的艰辛",亲人和友人要读懂这个隐喻,帮助将逝者勇敢上路,解脱他的最后牵挂;第二个隐喻是"穿越时空的灵异访问与重逢",譬如见到早已逝去的前辈,多年不见的至交,这样的会面常常半虚半实,神龙见首不见尾,却如梦如痴,相谈甚欢,或许是过去的仇人与情敌,为的是在生命的最后关头,与这个世界和解,不留下仇恨、敌意与遗憾,这些相遇者都是将逝者未来生活的旅伴,与他们结伴而行,往生的路才不会寂寞;第三个隐喻是"谒神、遇仙或步入天国、仙境",有宗教信仰的人会感觉到上帝、天使、真主、佛陀、观音的召见或邂逅,体验到天堂的胜景,或看到一束美丽的光,远眺一个美丽的地方,包含着平生积德行善的自我肯定,才会有遇仙或步入仙境的荣耀,有了这份荣耀,往生的路会平坦顺畅很多。

面对临终者形形色色的死亡叙事,玛姬与派翠西亚告诫我们,无论是医护人员,还是家人与朋友,都必须服从叙事医学的"军规",坚守故事语境与仪式,不能以科学(理性)语码来破译,恰恰要以文学意象(诗性)来建构,来领悟,不允许使用"这不过是临终幻觉""这分明是药物过量反应""这是不可能的"类似的客观主义大棒去击碎那些美丽的诉说和体验。相反,要顺从将逝者的故事语境,辅以肢体的关爱(如抚摸,拥抱),将故事延展下去,探寻下去,将隐喻解读得更丰满,更惬意。同时,记录下这些临死觉知,发掘出人类临终期(三个层面:民族文化独有意象,个人生活经历的独特意象,人类公共意象)的

"思维地图"与"认知密码",让死亡叙事的"剧本"更加丰富与丰满。

最后,要指出,这本书还有一个非常有意义的"焊接",那就是将临终关怀(针对将逝者)与哀伤关怀(针对将逝者家人)融为一体,真正打通了,逝者的家人只有在安宁护士的引导下积极参与身心灵三位一体的临终关怀,自然就会消除对逝者的撕裂性哀伤,转而进入绵绵不尽的追思和怀想,或者有望成为优秀的安宁义工与志工。因为中文里"舒"字由"舍"和"予"组合而成,仓颉造字法提示我们:只有舍得给予,才会赢得生命中最大的舒坦。

推荐序

给临终者以"最后的拥抱"

中国抗癌协会副秘书长兼康复部部长　刘端祺

这是一本讲述死亡的故事集。我们从作者娓娓道来的60位逝者跌宕起伏的人生经历和临终前的种种体验看到：不管人生是多么精彩还是多么坎坷，死亡可以同样厚重而庄严。

本书寓教于情，可读性很强，不少地方引人入胜，使你在关心主人公命运的同时，不禁掩卷沉思，走进书中的世界，随作者一起思考人生的价值、死亡的意义。

作者玛姬·克拉兰和派翠西亚·克莉是从事临终关怀的资深护士，她们面对着一个个境况不同的终末期病人，默默地奉献着自己的专业知识和仁心大爱。出于对即将走到生命尽头的患者的尊重和同情，她们千方百计地了解患者的个人经历、家庭背景以及物质和灵性的需求，设身处地、将心比心，克服各种困难，解决患者的身心困顿，给患者以最适于他或她个人情况的恰当处置。正如作者所说，"我的职责是尽量让病患感到安适，并非只是生理上的舒服","送人临终和迎接新生命一样,都可以是全家人分享正面意义体验的机会,并非只有悲伤、痛苦和失落"。她们既是医务工作者,又是心理工作者,还是社会工作者。她们在帮助患者辞世的实践中贯彻始终的"共情"、"同理"和"全人服务"的职业精神,既是传统意义上医学的回归,更体现了医疗卫生界和思想界对医学本源和生命本质的时代思考。

惧怕死亡,不愿直面死亡,因而有意无意地回避死亡是人类的天性,是人类社会维持正常运转并得以延续的必要条件。但同时,这也造成了古今中外在实施临终照护时,在观念和心理方面的共同障碍。社会关注度的不足,各个国家和地区的不同人群理念的差异,医疗、经济水平的限制及社会、文化等无形因素,都在影响临终关怀事业的发展。和医学科学技术突飞猛进的骄人成就相比,作为医学重要组成部分的临终关怀事业,直至20世纪下半叶还少有专业人士问津,理论研究固然缺位,临床实践也基本没有到位。致使临终关怀这个自人类诞生即存在的"古老问题",至今还是一门在不断探索中的"新兴学科"。

不具备临终关怀专门知识的医生面对即将不治的患者及其充满悲戚的亲友,往往"既不知道该怎么说,也不知道该怎么做",只得把一般的临床治疗常规和护理模式"移植"到临终处置,在一系列看似"周到"的医患沟通和貌似"严谨"的技术操作中,诸如维持酸碱平衡、呼吸机运转、生命指证的监测、心脏按压、种种插管注射等,都成了死亡来临前的"表演"和"仪式",成了冰冷的、程序化的人生结局。面对医院复杂的抢救器械和亲人身上连通的各种"救命"管道,人们往往认为,患者的生死掌控在医生手中的电源插销或护士手中的药针里。显然，这是由于以技术至上为特征的科学主义盛行，背离了人文理念的过度医疗所造成的对"临终关怀"的严重误解。它把一个本应充满凝重悲情，温馨而又私密的场合变成了技术"秀场"，使逝者成了医院"规范作业流水线上的物件"，剥夺了生者与弥留者亲情道别的最后权利。

值得欣慰的是，本书的作者摈弃了沿袭多年且已固化的"抢救"模式，以完全个性化、人性化的思路，用全新的理念协助临终者及其亲友共同设计并完成了符合逝者生前意愿的"人生落幕式"。在书中，我们看不到医护向病患及其家属刻板地"交代病情"，听不到"生命不息抢救不止"的嘱托，更没有手术室里"金属与肉体"的碰撞。作者并不讳言她们在为患者服务过程中留下的诸多遗憾，但给临终者以"最后的拥抱"的强烈愿望，总是促使她们无微不至地给临终者送去人间最后的温暖。

最近，境内外学术界（临终关怀、心理、哲学、生理、宗教等）对实施"灵性照顾"多有关注，提出：医护人员要像重视患者身体的症状和心理状况一样，随时掌握患者的灵性动态和需求，关注患者的灵性困扰，有的放矢地实行灵性照顾。

灵性是一种客观存在的个人体验。临终状态时的灵性是指：人面对即将不久于人世的现实，在人际交往、社会关系方面所产生的对历史和未来的一种难以言传的心绪历程。它是介于生理和心理之间的一种身心之外因人而异的体验，可以是幽怨、恐惧、焦虑、烦躁、愤怒、忧郁和孤独等负面作用力的混合体，也可以在正面力量引导下衍化为内心和谐、处世积极、恬淡平静、了无牵挂、直面死亡的一种人生境界。

世俗注重生、注重肉身，宗教注重死、注重灵性。但这并不妨碍没有宗教情结，信仰无神论的读者对灵性问题的探讨。灵性照顾已成为临终关怀不可或缺的内容。近来，大陆学者展开了对灵性方面的研究，特别是临终时灵性照顾的研究，本书的一些做法和观点可资借鉴。

我们大可不必执著贯穿于本书的宗教理念和对灵异事件的解释，也不必介意灵性是否仍然属于心理学范畴的讨论。本书需要关注并理解的内核和精髓是，作者在以慈悲为怀的临终关怀实践中表现出来的人性光辉。

临终是生命的一个自然阶段，死亡不能被简单地看成是医学的失败。只要有死亡，就需要临终关怀。它是基于人类现有认知水平的一种顺势而为的积极的医疗行为，需要综合性的专业技术支撑，有很高的技术含量，是医学进步的重要表现，而非医学的无奈之举；它理性舍弃对患者无益甚至有害的过度治疗，代之以符合患者本人、家庭以及社会最大利益的适度治疗和护理，使逝者临终前享受到先进的医疗理念和技术服务，离世时身无痛苦，心无牵挂，灵无恐惧。这种有厚重文化底蕴和现代科技内涵的临终关怀，可以使逝者感到自己"死得其所，死而无憾"，是人生的"完满句号"。

青年时期，我曾在甘肃南部多民族地区工作多年，经常服务于临终患者。在弥漫着超度逝者灵魂诵经声的藏传佛教拉卜楞寺旁，目睹远处穆斯林们静穆的葬礼，联想汉族群众丧亲后的呼天抢地，我惊异地看到，不同民族乃至同一民族的不同群体，对生命的逝去竟然有着如此巨大的差异……在受到震撼的同时，也使当时还年轻的我，开始对生命有一种别样的敬畏、思考与尊重。

医生这个职业使我们比大多数人都更多地接触死亡。死亡是一种伟大的平等；死亡也是一个伟大的教师。正是由于死亡的存在和不断的"教育"、"提醒"，才使我们感到生命的可贵和人生的价值，充分地享受人生，珍惜当今的分分秒秒，珍惜自己与家人、友人乃至素昧平生的陌生人相处的宝贵时光；同时，敢于直面死亡，思考死亡，理解死亡。医务人员应当做"阅读死亡"的有心人，在阅读别人的死亡中不断升华自己。

本书可以作为生命教育、辞世教育的读本，供从事临终关怀事业的同道们常备于案头；建议从事临床工作的医生和护士朋友也阅读这本书，相信会从中受到多方面的启迪。非医学专业的朋友们如浏览本书，可能有助于树立起这样的信念——既然死亡本就是生命的一部分，是我们每个人都无法回避的人生终点，当它即将来临时，我们不妨心境淡定，从容面对，优雅地转身，让死亡和降生同样神圣、同样美丽。

本书的英文版简介中说，通过阅读本书，"我们会惊讶地发现那些即将逝去的人们以近乎奇迹般的方式传达着他们的所需，分享着他们的感受，甚至编排着他们生命的最后时刻；我们也会发现那些即将逝去的人们留给生者的礼物——智慧、信念和爱"。这是对本书的英文原名 Final Gifts 的很好的诠释。

让我们珍视并研究这份"最后的礼物"，并给临终者以"最后的拥抱"。

给艾琳和艾瑞克,
你们是我生命中的太阳,
也是最让我引以为荣的人。

——玛姬·克拉兰

带着满满的爱,
献给莎拉、大卫、温道尔和克雷格。

——派翠西亚·克莉

1 One
"该排队了。"

◆ 萝拉的故事

乔焦虑地在床前来回踱步，整个房间弥漫着一股令人窘迫的寂静。他慢慢绕过矮柜和看护，坐到妻子的病榻前，满心关怀地握起她的手抚摸着。

"萝拉，还好吗？和我说说话！"他说。

她半梦半醒地微笑点头，却没有回答。这令乔更加焦急了。

"萝拉，是我。"他说，"说句话吧，我很担心你啊！"

"乔，我没事。"她轻声回答。

乔望向看护，她露出不确定的表情。

"亲爱的，痛吗？"他问，"需要什么吗？哪里不舒服？亲爱的，拜托你告诉我，好吗？"

萝拉又挤出了微笑，闭上眼，摇摇头。乔招手示意看护到走廊说话。

"到底怎么了?"乔问,"她早上还好好的,尽管有点虚弱,但是都没事啊,我们还一起喝了茶。"

看护拍拍乔的肩膀,说道:"她突然就变成这样,我也不知道哪里出了错。她按时吃药,还吃了点儿早餐,你觉得她看来像意识错乱了吗?"

"很难讲,"乔回答,"她不太说话,看起来很奇怪,我们最好找护士来。我知道事情不对劲了!"乔紧张地伸手去拿电话。

值得学习的生命课程

你关爱的某个人病得很重,甚至快要死了。许多事情有待处理:检查、住院、就医。有时必须同时看好几种医生:外科、肿瘤科、放射科以及其他科。

柜子里塞满了药罐,有的还满满的,有的快要用尽,因为必须尝试各种不同的新药;屋内满是医疗器具,为了安放轮椅或方便进出浴室,所有家具都得重新摆放。

照顾弥留的病患绝非一般的难事,往往让人心力交瘁、生活完全失序。需要与许多人商谈,询问许多问题,处理许多事情。新的、不同的疗法所带来的希望和成功,都可能在瞬间幻灭,徒留惶恐与挫折。这是段耗费心力、让人受尽折磨的过程,情绪就像坐过山车,充满大起大落,宛如一个不速之客,突然到来,一步步霸占了你所有的生活。

疾病末期不仅影响病患,更影响他的家人、朋友、邻居与同事。好比一个宁静无波的池塘,一石击起千层波,这个即将来临的死亡,漾出圈圈的波纹,扩及病患周遭的人,而每个人也都有着各自的问题、恐惧和疑惑。

不只是因为所谓的"失去至亲",我们会发现,当自己实际面临人生命之有限、谁都终将一死的事实时,内心会产生一大堆相互冲突矛盾的情绪,例如:

- 为什么会发生这种事?
- 我觉得好无力,我能帮上什么忙?
- 我不想面对这事!
- 死亡是什么感觉?
- 有死后的世界吗?
- 身旁的人为什么这样做事?
- 我好迷茫、好无助。
- 我该怎么做?我该怎么说?

我们有没有可能,在这么一个令人慌乱绝望的事件中,做出比较积极正面的事?能否利用剩余的时间,让大家一起面对死亡带来的损失,一起珍惜活着的片刻?尽管这个人即将离去,我们能否帮他安然度过剩余的时日?而这段时间,能否让每个相关的人都学习到生命中极为宝贵的一课而更加成长?

答案是肯定的。

开创第二个春天

萝拉一辈子担任教职,当她退休并且第一任丈夫去世后,她决定重回学校当个学生。大学生活成为她的重心；另一方面，她用旅行满足对知识和新经验的渴望——认识新的面孔和新的地方。

她在印度遇见了同一个旅行团的乔。乔79岁，太太去世了，但却充满热情，眼中闪耀着亲切的光芒，旅行风格与她相同，都是一个人背包走天下，就像那些在旅途中遇见的远比他们年轻的背包客一样。他们立刻相互吸引、坠入爱河、一同返家，并且（让他们各自的成年子女大为吃惊地）宣布订婚。

他们的婚礼简单而温馨，到场的只有儿孙。萝拉穿着从印度买回来的纱丽（Sari），她的孙子罗比牵着她的手，把她交予新郎。她挑罗比来负责这件别具意义的事，是希望能借此来感应罗比的母亲，也就是她去年因乳腺癌去世、享年45岁的女儿苏珊。

伴郎是乔的儿子。婚礼过后，大家享用了一顿印度大餐，以萝拉珍藏的俄国古瓷盛装上桌。

萝拉卖掉房子，将多数家具分送他人；乔则搬出自前妻死后一直居住的公寓。他们在专为退休人士规划的社区，租了间一房一厅的公寓，把两人以前住在大房子里的家具都塞进来。窄窄的门厅，堆满了橱柜、镜子、置物架，以及乔收藏的许多时钟，挤得他们连经过对方身边也很吃力。但是他们很快乐，而且萝拉能在公寓的庭院里尽情栽种，享受园艺。新家安顿好，他们开始旅行，享受二人世界。以前旅行中烦闷乏味的部分，排队托运行李、排队验票、排队入关、排队登机、排队候车等，现在都变成两人享受彼此相伴的时刻。

乔相当健忘，所以他很依赖萝拉操办事情，刚好她喜欢这样的角色。

闯入意外的访客

他们预计前往墨西哥欢度萝拉的八十三岁生日,结果被迫取消,因为她腹泻病倒了。她的症状持续恶化,直到因脱水住进医院。X光片照出她的直肠里有个瘤,割下化验后,发现是恶性的。癌细胞已经扩散到萝拉的肝脏,但考虑到她的高龄,医生们不建议采用过于积极的治疗,宣布她大约只有六个月可活了。

这消息对于乔来说真是晴天霹雳,他似乎变得比平常更糊涂了。萝拉决定回家安养,与乔一起度过最后的人生。乔也很急切,什么都愿意。他们决定致电安宁院,请求协助和支援。接下来的四个月平静无事,萝拉的不适很轻微,而且得以用药物控制。他们的家人经常来探病,带一些餐点过来,或是陪陪她。她和乔会坐上好几个钟头翻看相簿,里头都是他们旅行或年轻时的相片。这并不是完全轻松愉快的活动,看到苏珊年轻健康时的照片,总是让萝拉哭泣。

"母亲不应该活得比孩子久。"她会这么说,"我真是想念她,死的人应该是我,而不是她。"

然而,萝拉没有沉溺于自己的问题,她尽可能维持原本的社交生活,保持优雅的礼节。但是她被宣告为癌症晚期以及愈来愈无法自理的情况,终于让乔吃不消了。他的苦恼表现在行为上。当萝拉说要止痛药时,乔会很热心地疾冲出去,但走着走着就分心到无关紧要的事情上,然后忘记拿药。

为此,萝拉的孩子雇请一名居家看护,结果,看护照顾乔的时间几乎和照顾萝拉的时间一样多。

他们就这样勉强过着日子，直到某天早上，萝拉行为出现改变，她拒绝平常喜欢的泡澡，显得心不在焉而且冷淡。乔警觉到此，打电话来安宁院。

我抵达的时候，看见他等在公寓门口，既激动又不耐烦。

"她今天不一样了，"他说，"她看着我们，视线却是散的，好像对我们视而不见。"

萝拉看起来心绪不安，像是想着什么出神了，她收拾被单时，眼睛却望向遥远的地方。我迅速帮她检查身体状况，没有发现明显异常。

"萝拉，你怎么了？"我问，"你刚才在想什么？"

"该排队了。"她答道。

"跟我聊一下你排的队伍好吗？"我问，"里面有你认识的人吗？"

"苏珊在里头。"萝拉绽放出灿烂的笑容，继续盯着远方。

"真是不错。"我说，"你也想排队吗？可以跟我多说一点吗？"

萝拉变得若有所思，而且悲伤。一会儿之后，她说："乔不能跟我一起去。"

我发觉她一副很为难的样子，似乎不知该到远方与极度思念的女儿碰面，还是留在如此需要她的老伴身旁。

"这对你来说，想必很难选择，萝拉。"我说，"我们可以帮乔做好准备，让你去排队吗？"

萝拉明显地放松下来，简单回答道："可以。"

为"排队"做准备

乔在客厅，周围都是古董家具，以及他们旅途带回的异国纪念品。六个时钟，各自定在不同的时间，围绕着他滴答响。我在他身边的沙发上坐下，转述刚才的对话。他开始哭泣。

"我知道这让你很难过，乔。"我边说边把纸帕递给他，"你觉得萝拉想告诉我们什么？"

"听来像是她梦见了苏珊。"乔说，"让她觉得她们可能重聚。"

"你觉得她也许还想说什么呢？"

"听起来像是，她希望我能跟她一起去。"他说，"而我不能……或许她就是担心这点。"

"有什么特定的原因，让萝拉不放心留下你一个人吗？"

"我非常依赖她。"他说，"我猜她是担心没有了她，我该怎么办。"

"你有没有照顾自己的计划呢？"我问。

"有，"他答道，"我知道自己没有以前灵便，所以我会搬去和我儿子住。"他仔细说明他的安排。

"你的计划听起来不错。"我说，"萝拉知道吗？"

乔失色地答道："怎么可以对快死的人说你要在他们死后做什么！"

我建议他，这可能正是萝拉想听到的，可以减轻她不得不离开他的痛苦。

乔俯下身子，手肘搭在膝盖上，满脸悲伤。

"这件事很难讨论，"他说，"连想都难，这是我所能想像的最糟糕的事……"

我给他一点时间，继续宣泄积压已久的感受与顾虑，然后再次提出我的意见，萝拉需要确定他已经了解她的状况。乔一再地忘记焦点，我则温和地提醒他，我们刚刚谈到什么。有好几次，他突然起身，仿佛不想再谈了，但似乎又明白自己在这个拥挤的房间里其实无处可去，只好再度坐下。

最后，乔终于走进卧室，坐在萝拉身边，握住她的手。他流下眼泪，对萝拉说出自己的计划，同意她走。

"我讨厌发生这样的事，我知道你必须走。"他说，"我想你一定很担心我，但我保证我会没事的。我把我的安排告诉你，你就可以安心了。"

乔把他在萝拉死后会做的事说了。冬季，他去佛罗里达州的小弟弟那里，夏季则到北部与儿子和他的家人同住。两个家都有花园，乔告诉萝拉，他会努力像她一样，把它们照顾得很美丽。

"而且我会尽可能记住每个孩子的生日——你的和我的孙子!"他亲吻着妻子。

这段对话之后，萝拉的不安和出神的状况消失了。她变得很安详，直到数日之后，在乔含泪握手的相伴中辞世。

勇于倾听临终牵挂

一个人临终时，经常会说出一些话语。例如，萝拉说"该排队了"。旁人很容易视为病患"意识错乱"而不再听，若乔也这样，可能就听不到这些讯息了：

- 我准备好要死了。
- 我要去和苏珊会合。
- 我需要知道乔能够懂，而且已经准备好面对我的离开。
- 我需要确保在我死后，他会没事。

乔的诚恳回应，减轻了她的痛苦——并非生理上的疼痛，而是情感上、心灵上的苦楚。在乔说明了计划且向萝拉道别之后，她终于能安详地、无牵无挂地过完最后几天，带着她需要知道的，告别尘世。

临终者经常运用一些能唤起他们生活经验的象征性语言。萝拉和乔在旅途中相识，而且他们的生活充满了排队的状态：排队验票、排队托运行李、排队检查护照等等。她这句话是要告诉他，她应该要排队前往下一段旅程了，一段他无法相伴的旅程，因为她即将加入"苏珊的行列"。

萝拉给乔的最后礼物，就是让他领悟到她很关心他的幸福，而且她逝去的路并不孤单，而是去和苏珊重聚。

葬礼过后，乔说："我知道她会在我死的时候来接我——就像苏珊等她那样。"萝拉的死给他的经验，改变了他对于自己的死亡的期待。

敞开心灵，听见生命

你，也一样，可以从失去至亲的悲痛中，获得一些有益的体悟和洞见。你将能带着从本书以及临终者身上学到的东西，在你之后的人生中继续前进。

我们不是学者也不是哲学家，我们只是护士。这本书的素材直接来自于我们最好的良师！！我们所照护的安宁病患，我们从他们身上得知死亡的面貌，领会到让人欣喜的正面意义，进而改变我们的生命。我们不由得想记录下来，与你分享。我们没有针对安宁病患特定的沟通模式发展出新的理论。我们只是聆听，用我们的耳、我们的心、我们的灵魂。现在邀请你，打开心灵，听临终病患想传达的积极正面的最后信息。

Part I

临死觉知：简介和背景

***Nearing Death Awareness*:**
Introduction And
Background

2 Two
死亡像什么？

　　这本书是要献给所有曾经或即将面临死亡的人，包括临终者的亲人、朋友、照护者，甚或他们自己。这些即将辞世的人或关爱着他们的人，经常有许多宝贵的礼物可以给对方，但当至亲生命垂危时，你可能看不到什么礼物，只感到悲伤、痛苦和损失。然而，一个接近生命终点的人，事实上却能给予你一些启发与安慰，若是陪伴在一旁的你也能予以回报，这将能帮他得到安宁，让他再次体会生命的意义。

什么是临死觉知

　　所谓"临死觉知"（Nearing Death Awareness），是一种关于死亡过程的特别知觉，有时甚至是种控制的力量。临死觉知揭示了生命在接近终点时会是什么模样，而临终者又需要什么才能安详离开，这会发生在缓慢辞世的人身上。临终者企图描述对死亡的感知经验时，常因为这些沟通太过模糊、出乎意料，或者以象征性语言表达，很容易被人遗漏、误解或忽视。

在生命的最后几个小时、几天或几个星期时，临终者常会表现出不合道理的言语或举止。家人或朋友可能会解释成"他开始魂游了"或"他脑子已经不清楚"；旁观者虽然是出于好意，通常却会说病患"神志不清"、"失去理智"或"不太正常"云云，医护专业人员，尤其是医生和护士，则将这些明显不合逻辑的表示，说成是"错觉"或"幻觉"。

亲友和医护人员的反应经常是挫折或恼怒。他们可能会像哄骗小孩一样安抚病患；也可能为停止患者的错觉，对其施以药物。

然而这些反应只会让临终者疏远他们所信任的人，变得更加孤独而迷惘。无论周遭的人为他们尝试沟通的企图贴上什么标签，或给予什么回应，渐渐地，大家不再真心聆听临终者的声音。

其实，还有其他做法。

当我们保持开放的态度仔细倾听，就能逐渐了解临终者透过象征或暗示所传递的讯息。往往我们可以解读到最重要的信息，从而减缓临终者的焦虑与痛苦。通过这种努力，就能更深入参与死亡这件事，亲友也能从中得到宽慰，并得到重要收获，譬如接近死亡是种什么样的感受，以及必须做到什么才能让病患安详辞世。而亲友在他们的至爱过世后，以及此后再面对死亡时（包括自己的死），都将能带着这个新的体悟继续前进，从中体会到历久不逝的慰藉。同样，医护人员也会因为对临终者传达出的讯息和需求变得敏锐，继而能提供更好的照护，并从中获得更大的满足。

揭开死亡面纱

我们多年来照顾临终病人，了解了他们各种特别的沟通方式之后，我们发现几个一再出现的主题，可分成以下两类：

- 企图描述接近死亡的感知经验。
- 要求某种能让自己安详辞世的东西。

接近死亡的感知经验，包括对于死后世界的短暂一瞥，或是见到已故的人。尽管没有说得很仔细，临终者描述的那个死后世界既宁静又美丽，让他们既惊叹又敬畏。他们会说自己与某些我们看不见的人（他们认识的且关爱的人）说过话，或是感受到他们的存在。即使未被告知，他们也知道自己快死了，甚至可以告诉我们确切的时间。

临终者最后的心愿有时很难解读。当他们确认了这些与亲友相关的心愿的重要性，将使他们在获得满足之前，控制死亡的时间和情况。这些心愿，经常牵涉到另一个他们想见到的人或想修补的一段关系。

全世界都有过类似情况。数个世纪以来，许多不同文化记载了死亡的各种样貌，以及不同阶段的意识转变、神秘的片刻和临终的幻觉。文学作品也常描写临终的人见到的意象，将它诠释为死亡降临的征兆。学界研究发现，纵使是天差地远的社会文化，人们临终所见其实极为相似。

临死觉知经常包括看见自己关爱的人或灵魂的存在,虽然这并不一定表示死亡即将到来。临终者也可能见到宗教人物并与之对话,有人感觉到温暖、平静与爱;有人见到了明亮光芒或另一个世界;有人回顾了自己的一生,对生命意义有了完整的理解。尽管知道自己就要死亡,他们并不恐惧,相反地,他们会关心留在人世间的人。

临死觉知与濒死经验

濒死经验(near-death experience),多是鬼门关前走过一回(临床上失去心跳、呼吸、血压等生命迹象后又被急救回来)的人所陈述的现象。医学记载这些人死而复苏后所描述的经验十分相似——通过一段长长的隧道,看见炫目的亮光,见到已故的亲友,遇见伟大的神,回顾了一生,感受到平静,解脱了痛苦。

灵魂出窍(out-of-body experience),指人脱离肉体,会发生在濒死经验时,但其他状况下,特别是压力极大时也会发生。出窍回来之后,这些魂游的人会说他们见到了没有出窍时见不到的东西。他们可能会讲述在远方发生的一段对话,或描述一个遥远的,甚至无人知晓的地方。

临死觉知与濒死经验很相似,却有着重要的差异。濒死经验是突发的(譬如溺水、心脏病发作、车祸意外引起),而临死觉知则发生于缓慢死亡的人身上,他们患有逐渐恶化的疾病,如癌症、艾滋病、肺病等。对这些人来说,离开人世去体验另一个世界的过程比较缓慢,而不是这一刻还在人世,下一刻就跳到别的世界,然后又突然被拉回人世。临终者一直留在肉身里,只不过他们同时意识到现世之外的另一度空间。他们不是在两个世界之间骤然跳换,而比较像是漂流于两个世界之间。临终者回顾一生,并非同幻灯片般一张张闪过,而是有更长的时间进入这些生命片段,然后决定自己要在死前完成什么。当人们产生临死觉知时,并不是已死的样子,他们没有明显的生理变化,而是有脉搏、血压和呼吸,最重要的是,他们还能沟通。他们会试着说明自己同时存在于两个世界,或存在于两个世界之间的某处。他们的叙述,给了我们独特的机会进入那个境域,体会他们的需求与心愿,并且了解他们所意识到的死亡是何种光景。同时,说不定能预见我们自己的死亡将会如何。

无以名状的美丽与震撼

由于某些原因,照顾者经常忽略或误解病人想表达的临死觉知。

专业医护人员和家属可能把病人描述的临死觉知当作意识混乱,以医学术语来说,就是指一种杂乱迷惘的心理状态,对于刺激无法做出适当的反应。很不幸地,临终者经常在未经充分的评估下,被贴上"意识混乱"的标签。然而,真正意识混乱的病患可能有失智症状,而失智是种后天的、通常会持续恶化的智性失调,与一般临终者并不相干。意识混乱的病患,可能是因为发高烧或药物反应,或因诸如血钙过高、脑部缺氧等生理问题而导致,有些可以治愈,或是至少能控制住。

看起来意识混乱的临终者,并没有这些问题。尽管造成意识混乱的原因不明,然而临终者"混乱的"言语,可能是非常重要的。

就临终者而言,混乱或迷惘可能是源自于这个他不熟悉的、出乎意料的死亡经验。而且,照顾者的反应通常会加重临终者的迷惑。

照顾者往往忽视他们听到的错乱言语,认为那是临终者的梦呓或回忆。然而临终者的梦却包含了有力的讯息,特别是关于他们的浓烈感情。而且临终者很清楚,他们所意识到的并不是梦。有的时候,他们在开始叙述之前,会先说:

"我做了个梦,但不真的是个梦……"

有过濒死经验的人,经常无法用语言文字描述他们见到或感受到的意象。荣格(Carl Jung)在一次严重的心脏病发之后说:"我无法说明那种美丽与震撼……"

我们的一位同事,因为术后并发症而有过濒死经验,同样表示难以描述那些奇异景象。

"我真不知道该怎么形容,"她说,"那经验如此震慑人心。我想,'无限'可能是最接近的字眼了。"

"是不是我们的言语太有限,而无法描绘出那种无限的境界呢?"我们问她。

"对,"她回答,"就是那样!"

无独有偶,那些产生临死觉知的人也觉得难以用字句直接描述,只好以象征性言语来表达,使得周遭的人更难理解其中的讯息。任何言语、动作,甚至是物品,都会被临终者当作极为有力的隐喻。因此,从他们的生活脉络中去分析这些象征性的言行举止,比较能了解他们试图表达的是什么。

接收临终者的礼物

我们可能想到,一个快死的人,还能教我们什么新鲜信息。眼看着至亲每况愈下,人往往被悲伤而又烦乱的情绪淹没,很容易就忽略了那些信息。看着我们关爱的人与疼痛搏斗、呕吐或体重骤降,固然令人不忍,但让人更难以接受的是,他们看起来好像心智错乱了。他们似乎变得很疏远,仿佛陌生人。那些将临死觉知归类为"意识混乱"的人,不仅失去从临终者身上寻得讯息并帮助他们的机会,也会使临终者更加不安。

擅长处理生理问题的医疗专业人员,可能不善于解读临终者在心理和情绪上的改变。他们想帮忙,却无从帮起。陪在临终者身边的亲友原本就已经很不安,甚至恐惧,这种局面只会让他们更沮丧,他们不知道该说什么、该做什么、该如何表现。

《最后的拥抱》提供一些信息和建议,帮助人们了解接近生命终点的人,同时更加了解临近死亡的样貌。我们不一定是护士或医生,也不一定有医疗背景,但同样能帮助即将辞世的亲友。事实上,正是这一层家人或好友的亲密关系,才有助于我们理解临终病人伴随临死觉知而来的象征性言语和行为。

有一点必须注意:本书案例多来自于我们从事安宁疗护工作

的经历，但这些经验不限于安宁院（hospice）的病人。向我们描述临死觉知的临终者，有的接受居家照护，有的住在医院，有的在养老院；有些是病人，有些是我们的朋友。这件事情，重点不在于照护的类型或照护的设施，而是要能表现出兴趣和关怀，愿意全神贯注地倾听。

阅读本书，你将知道该如何倾听临终者，如何判断他们的言行代表什么意义，以免因不当的回应让彼此感到灰心和疏远。你会看到别人以什么方式面对他们生命中的死亡一关，而那些方式如何带给他们安慰、平静，甚至是喜悦。同时，你也能获得宁静与宽慰，并对死亡的力量有了更深刻的领会。

3 Three
"启程"

  常有人问我们为什么选择这份看起来阴郁又累人的职业。"你怎么会选这份工作？不是很令人沮丧吗？"

  事实上，这份工作带给我们巨大的满足和成就感，甚至是快乐。部分原因是，我们看到了出生和死亡（降临人世和离开人世之间，有着非常类似之处。而这份理解，让我们认定了自己的使命和成就）。

  身为安宁护士，我们认为自己的角色与助产士或接生婆恰恰相反，他们协助一个新生命从子宫来到这个世界，我们则是在人生的另一端，协助病人安稳地从活着步入死亡，去到死后存在的某个地方。

  我们会对病人和家属这么说："让我把我所知道的有关这个过程的一切告诉你们。让我们善用这些信息，并针对你们具体的特质、需求和人际关系，一起让它成为你和亲友最美好的经验。"

  你读到的某些案例是我们在医院或居家照护体系中遇见的病人，也有些是别人的经验。但是大部分的信息来自于我们多年来照护临终病患的临床经历。

以当事人为中心的分娩与临终方式

曾有一段时期，人们普遍在自己家中迎接出生和送别死亡，很多国家到现在依然如此。到了20世纪，一些工业化国家，分娩和死亡的场景被人们从家里移到医院，成为一种医疗过程，由医院的专业人员依程序进行。

分娩时，准妈妈必须完全遵照指示，只能用医生允许的麻醉剂和止痛方法。准爸爸不能进入产房，其他家人则被当成外人，甚至是骚扰者。

安宁病患遭遇的情况与这些限制相似，甚至还受到多一层的羞辱：被当成医学上的失败品。医护人员经常不自觉地把临终病患移到离护理站较远的房间，对于病患的按铃求助也迟于照料。

事情终于有了转机。最近几年，对父母和宝宝本身的重视已超越制度政策和技术层面。分娩，再一次变成生命体验的一部分。现代孕妇受到有求必应的待遇，能获得所有想要（或需要）的怀孕或分娩信息。她们可以选择在哪里生产、由谁接生，若有必要，使用哪一种方式止痛。准爸爸和较大的孩子通常会参与分娩过程，而这当中不一定要有医院或医生。如今，许多妇女通过助产士或接生婆的协助，选择在家生产。即使真的在医院生产，通常是在布置得更舒适、更像个家的分娩套房里。

整个生产经验更加温馨。在场的家庭成员与母婴共享了一种特别的连结，且因共享了那撼震人心的一刻而使彼此更加紧密。

他们参与更多、了解更多，便能得到更多的体会和成长。

于是，面对死亡也重新回归"老派"的做法。感谢安宁疗护运动的兴起，把疗护重点从专业医疗人员，转移到最核心的人身上——病患和他的非专业照护者（无论是家人还是朋友）。就像分娩一样，照护临终病患的方式已尽可能由核心人士主导，且他们也能取得所有必要的信息。临终者不再只能被动地接受检验和止痛剂，而是能主动控制他们的生命和死亡。

投身安宁疗护

如果能选择，多数人宁愿在家度过最后时光，且多数家属也希望得到病患情况的真实报告。尽管在家照顾临终病人，实在很艰难且令人恐惧，但多数家属还是撑得过去。有了适当的训练与支援，家属也能学会如何让病患感到舒服，特别在疼痛控制这部分。即使是外行人也能学会如何以药物让病患减轻痛楚，又不至于因用药过量而导致不省人事。而且，到最后，病人不容易觉得孤立和恐惧，照护者也能较感宽慰，知道自己已经尽全力陪伴关爱的人走完最后一段旅程。

尽管死亡是件充满悲伤痛苦的事，却能带来完满终结。用这种方式面对死亡之后，很多人说："这可能是我遇过的最困难的事，我很高兴自己做到了。"或是"现在她走了，唯一让我宽慰的是，我们都明白，为了她，我已经尽全力了"。

安宁院是照护临终病患的主要机构，其疗护计划是顺应自然、以病患为中心，最重要的两个原则是：

第一，病患有权选择自己要如何度过最后余生；
第二，他们的最后余生应该尽可能安宁舒适。

安宁院也协助家属以正面的态度经受这项难熬的生命试炼。现代社会中有许多非传统的关系却能惺惺相惜的人，这证明了血亲或姻亲不必然对每个人都是最强的支持。本书从头到尾所说的家属（亲友），也包括了病患自己认可为家人的人。

多数病患选择在家度过最后的日子，而不是在医疗院所（安宁组织、医院、养老院），不过后者能提供必要时的住院照护服务。

无论如何，安宁疗护不只是一个地方或一群人，而是一种关怀的理念。我们在安宁体系中服务的人，不仅把它当成一份职业，更看成一套人生哲学，它深深影响了我们的生活，同时影响了我们所照护的那些人。

抚慰心灵的疗护体系

安宁疗护运动是个既古老又现代的活动，以前是要让旅途劳顿的人感到安适，而今演化为关怀照护的哲学，让人安宁地走完自生至死的最后一程。

远在中古世纪，安宁院是让旅客或朝圣者稍作停留的地方，以便他们休息、补充食物、得到庇护，或者在他们疲劳、生病、等待死亡的时候给予帮助。当时的欧洲有好几百个安宁院，遍布在朝圣路上。19世纪初，爱尔兰慈惠姊妹团（Irish Sisters of Charity）在爱尔兰和英格兰成立了几家安宁院，其一是位于伦敦的圣若瑟（St. Joseph's Hospice）。英国医师桑德丝（Dame Cicely Saunders），就是在那里开始了她的研究，为她日后的现代安宁疗护运动奠定了基础。

1960年，桑德丝医师提出照顾病患的新做法：设立类似中古世纪的安宁院，建构成一个平静祥和的地方来"照护临终者，让他们在形而上的旅程中，从这个世界，度向另一个世界"。她的做法是以爱与慈悲的关怀，结合偏重缓和疗护（缓解、减轻症状）而非治愈疗护（企图防止病情恶化、让病体复原）的精密医疗技术，来照护临终者。1967年，桑德丝医师在伦敦郊区创立了圣克里斯多福安宁院（St. Christopher's Hospice），于是现代安宁疗护运动自此诞生，尔后在全世界蓬勃发展。

"你很重要是因为你是你，"桑德丝医师这样告诉临终病患，"到生命的最后一刻，你都很重要，而我们会尽可能帮助你，不只安详地走向死亡，还要好好地活着，直到最后一刻。"

与此同时，美国精神科医师伊莉莎白·库伯勒-罗斯（Elisabeth Kübler-Ross）的研究和著作，开始影响人们对于生和死的看法，让安宁疗护运动更加落实而茁壮。

1959年，库伯勒-罗斯医师在耶鲁大学的研讨会上发表一篇论文，描述临终病患所受的苦，即便住在最好的医疗院所里，他们通常被隔离安置，时常被施以高剂量的镇静剂（但还是痛），而且极少有机会自行选择别人对他采用什么疗法。没完没了的检验，就为了监测他的病况和治疗效果。他们总是被视为一连串的生理症状,或者干脆当成医疗体系的失败。然而,在这些"专业疗法"下,丧失的是一个有着恐惧、疑惑、欲望、需求与人权的人类生命。库伯勒-罗斯医师在她1961年的著作《论死亡与临终》(On Death and Dying)里,继续探讨这个主题,试图让社会大众用全新的、截然不同的眼光,看待末期病患。

启动居家安宁照护的力量

安宁疗护的历史不算长,而且安宁护士所扮演的角色与一般医院护士截然不同,所以,很多人都无法了解这份工作。安宁护士是跨科目医疗团队的一员,这个团队包括医生、护士、社工、牧师和志工,还会有其他领域的专家应需要前来协助,如营养师、物理治疗师、呼吸治疗师等。整个团队只有两个核心任务:疗护病患和协助家属。他们教导家属如何在家照护病患,以及当患者的病情起了变化,家属需有什么心理准备。他们还必须判断照护者是否需要生理上或心理上的协助,以便熬过这场严峻的考验。病患往生后,他们也提供家属或照护者抚慰性的支持。

居家照护的兴起,意味着以前只有在医疗院所能提供的各种医疗仪器,现在可以在家里使用了,而且不一定要由专业人员执行,例如监看病患的生命记录,进行止痛剂的静脉注射。最没有压力、最舒服的地方,由家人照顾,而家属也能随时联系安宁疗护团队,就连夜间或假日都有医生和护士待命。

协助居家照护的安宁护士虽是整个团队的一员,但多数时候独立工作,照护6~10个病患。入户探视一次约一两个钟头,长度和频率依病患和家属的情况而定。刚开始,护士每周采访两三次,死亡将近时变得频繁,甚至天天探视。

安宁疗护的理念是尽可能让病患明白他想了解的信息,包括自己身体的变化、疾病的可能进程,甚至死亡的可能状况。没有人受到任何勉强;疗护方式并不出于专业上的方便或临床实验,而是由病患自己决定。

当然,任何一种末期疾病,充其量只能做到缓解而已——减缓病情恶化的速度和强度,减轻体能衰竭的程度,减少症状的数量和严重性。为了平衡病患对自己身体已经无法控制的状况,安宁疗护团队会鼓励他们自己选择药物和疗法,甚至自己决定在哪里辞世。由于拥有一些自主权,病患能够尽量地享受其剩余时日。

安适心灵,减缓苦痛

安宁疗护中所谓的症状控制,是针对生理、心理、社会和灵性等四个层面,减轻痛苦并增加安适。身体上的痛苦像酷刑一样难熬,但经审慎评估和有技巧的治疗后,往往是最容易控制的,例如疼痛可以缓解,恶心可以抑制,便秘可以改善。其他三个层面反而比较难处理,且牵涉到病患以外的人。

病痛会引发沮丧、愤怒、焦虑、恐惧或任何一种因为死亡将至而产生的不适情绪。病患要如何处理这些情绪呢?他需要什么协助呢?

疾病末期也会造成社交上的不顺,因而伤害了病患与别人的关系。他的配偶或父母是否悲伤得几近崩溃？孩子是否对于病患的改变，感到难过、生气或惊恐？朋友是否因为不知道该说什么和该做什么而避开了他？病患或他的家人是否感到被排斥或被遗弃呢？

灵性上的不适，是指凡人难免一死的事实对病患和家属所造成的冲击。病患是否质疑自己的生命值不值得？是否思考生命有何意义？死亡又代表什么？死后有另一段人生吗？如果有，会是什么样？对于笃信宗教的人，可能会对上帝或所信奉的神明产生许多疑问："他怎么能让这事发生在我和我家人身上？他为什么容许这样的痛苦？"同时开始怀疑这个在此之前都能带给他心灵慰藉的信仰。

生理上的不适比较好处理，另外三个层面的不适却不好处理。情绪、社交和灵性上的不适，非但微妙，而且难以辨识、修正，随着病患个性和家庭生活形态的不同，变得更加错综复杂。医药已经是高度专业的技术，专精于身体的某个特定系统或某种疾病。但病患和家属是以整个复合体存在的，他们交互影响，一起奋斗，要闯出这个充满了痛苦和焦虑的迷宫。

想走出这个迷宫，需要投入大量的关切与意愿，去倾听与了解。临终者的沟通模式很不可思议，有时是很奇怪的方式，需要耐心与洞察力，才能解读这些透过动作、表情、寓意或符号所表达的信息。很不幸，这些信息屡屡被人遗漏或误解。经过研究，我们写下这本《最后的拥抱》，就是为了修正这些状况。

为"临死觉知"定名

我们决定探讨"临死觉知",起始于同事之间的一次午餐闲聊。这类闲聊经常聚焦在病患为了沟通做了多少努力,以及医疗人员多么难以理解这些混乱的信息。每个同事都能说出不同的故事,说病患为了突破某个点,做了好几次尝试。有一天,这些故事好像突然之间出现共通点了——它们有相通的语言模式或动作模式。我们用好几个月的时间,倾听病患的那些似乎不相干的说法之后,决定做一些检视,发觉其中潜藏的重要信息。分析之下,发现那些主要的沟通模式当中,有着一再出现的主题,于是我们着手研究,最后累积了两百多个案例。

在每一个案例中,我们寻找能够解释那些模式的相同元素。用这种语言沟通的病患是否都罹患相同或类似的疾病,譬如特定的脑疾病、骨疾病,或因为肝、肾问题导致体内的化学物质失衡而影响知觉?有没有哪位病患的脑部因缺氧一段时间而改变了意识?行为或心智上的改变,是否由于体内的水分或盐分失衡?这些病患是不是全都在使用药物(如止痛用的镇静剂),而模糊了他们的思考?以上任一种因素,都有可能让我们的病患做出"意识混乱"的沟通。

我们并没有发现什么相同的因素。我们的病患罹患着不同的疾病——各种不同的癌症、不同的心脏或肺脏疾病、先天性疾病、神经系统疾病、艾滋病等。部分案例中,病患的脑部氧气、体内水分、盐分指数都被记载为正常。他们使用的药物各式各样，有人根本没有用药，有人用很多药。总而言之，没有明显的生理特点能解释他们的沟通模式。

文化、性别、年龄、种族的差异有没有影响呢？没有。我们的病患包括各种年龄的男性和女性，来自不同的民族、种族和国家。他们各有不同的宗教背景，有些是不可知论者或无神论者。

然而每一个人都有话想说、有信息想传达。我们汇集到的资料越多，就越兴奋，因为我们看出了那些讯息，主要可分成两种：

第一种讯息主要是在描述病患的经验：与某个过世的人同在一处；必须准备好去旅行或要改变了；提到某个只有他们能见到的地方；提到他们知道死亡什么时候会发生。

第二种讯息牵涉到某件事或某个人，他们需要完成它，才能安然辞世：他会要求你，帮他移除一些阻碍，好让他修复私人的、灵性上的、道德上的关系。

我们的收获愈来愈多，足以帮别人解读这些讯息，同时感到这样的了解不只能帮助病患和家属，也能帮助专业的照护人员。

为这个理论命名是最难的。当病患愈来愈接近终点时，他们似乎对于人、地、物发展出独特的体会。这种体会以缓慢渐进的方式形成，似乎是意识到现存的世界，又意识到自己飘向另一个世界，这种意识，随着病患愈接近死亡而愈强。最中心的三个关键字是觉知、临近和死亡，因此我们选定了名字："临死觉知"。

4 Four
对死亡的反应

人们听到至亲即将走向生命终点，会出现各式各样的反应。他们可能会震惊、不相信、恐惧、生气、悲伤……或者，最常见的是，一直在这些反应或其他更强的情绪中翻来覆去。

当他们陷入这些情绪里时，会想："他知道自己即将离开人世了吗？我应该谈这件事吗？我应该说什么？"又会自问："我应该告诉她我很遗憾吗？还是应该假装我不知道？我应该表现得明朗又快乐，试着逗她开心吗？她快走了，实在不幸，我不想让她觉得我不在乎。"

这种尴尬状况是有原因的。不仅因为上述那些问题很难回答，而且因为死亡原是一件遥不可及的事，而今却变成一个可怕的不速之客。

迎接不速之客

从前，死亡与生活是分不开的。一个家庭好几世代都住在同一个屋檐下，孩子会帮父母照顾奶奶，她躺在客厅的床上度过最后几个月的生命。或是，爷爷中风之后搬进来，住在原本的缝纫房里，医生到家里检查这位老先生之后，说："没必要再移动他了，他最好留在这里，这是自己的家，有自己的亲人。你们只要让他安适就好，有需要再叫我来。"在许多国家，人们还是以这种方式等待死亡：留在家里，由家人照顾，死亡变成全家人生活的一部分。

现在，多数家庭并没有如此亲密、频繁或持续地陪伴临终的家人。不像前几个世代，他们无法学习如何平静面对至亲生命即将告终的事实。疾病与死亡被移出家庭，转到医院或养老院。专职人员成了照护者，亲友变成了旁观者，目睹事情的发生，非但没有经历一连串的情感起伏并从中得到启发，还必须受限于医院所开放的探病时段，感到不舒服与不满足。

有些医护人员不想在临终病患身上浪费多余的时间与精力，甚至认为，不让病患和家属知道疾病的严重性或病患即将辞世的事实，是在"保护"他们。因为抱持这种观念，他们可能会对病情轻描淡写，而误导了家属对于病患康复几率的理解，有些甚至会限制家属与病患接触的机会。

变成旁观者时，人们不仅要应付即将失去至亲的痛，还得是在一种不确定的状态下面对，不知道该做什么、该如何做、该何时做。许多人只在电视电影中看过死亡的过程，然而那是戏剧化的，且配合影片长短所需。在现实人生中，死亡不会总是这么方便，只持续几分钟或几个小时，反而是个缓慢的过程，经常是好几个星期、好几个月，甚至好几年。死亡不是最后一口气的冲刺，而是考验耐力的马拉松。

面对新的状况，总让多数人浑身不舒服，直到他们逐渐习惯这个处境和自己在其中扮演的角色。如果你从未经历过死亡，请别不切实际地期望自己在临终者身边也能泰然自若。

临终前的生理变化

身为亲友，在陪伴临终者时，总有满怀的回忆，想着他以前身心都健康的模样。他们实在难以接受他变成现在这样，更害怕他接下来的转变。与临终者相伴的人，其实也一样非常痛苦。

人们常常假设每一种疾病（如肺气肿、艾滋病、癌症）带来的死亡都一样，然而，每一桩死亡都有不同因素：病患的年龄、疾病的进程、是否有其他健康问题、恶化最快的生理系统或器官为何。

末期病患最后几个月的生活会有很多种剧情。多数人会发生各种麻烦的症状，有人很多，有人似乎一点事也没有。有人直到死前的几个星期或几天，都只感觉到（或显现出）些微的变化；有人出现零星的急性发作，夹杂着间歇的平复期；有人身体逐渐衰退；有人在睡梦中或昏迷中辞世；有人则是清醒的，甚至到咽气之前，还一直与人沟通。

各种麻烦的症状随时侵扰病患最后几个月的生命，而医护人员会预测何种症状最可能影响病患。

对于外行人来说，想到要在家照顾临终者，就觉得万分惊恐，备感压力。然而，最好的照护经常是来自家人或朋友。

有人唇干舌裂、体重减轻、皮肤脆弱,而且因缺乏活动而导致褥疮;有人感到恶心、呕吐;有人便秘或腹泻;有人大小便失禁;有人衍生成咳嗽或呼吸困难。

有人会瘀血或出血,或者骨骼变得异常脆弱,一撞就断;有人接受治疗后造成头发脱落、水肿且发胖、起疹子。

很多人以为末期病患必定伴随疼痛,尤其是癌症,其实不然。有人一点都不痛,有人只有轻度或中度疼痛,且可以轻易抑制。但有人的疼痛非常剧烈,需要专家的评估和照顾,才能得以控制。

有人很冷静;有人会有间歇性的极度焦虑,譬如表现出坐立难安或对床单百般挑剔的行为。这种不安会持续加重,直到病患最后发起脾气。有些病况会造成失智:失去思考、记忆、讲理的能力。有的时候,病患变得作息颠倒,白天都在睡觉,到了夜晚却特别清醒,让照护者疲累万分。

此外,味觉也可能改变,原本爱吃的食物变得苦涩无味。许多人对食物和饮料失去兴趣。这种改变,令家属和照护者产生非常强烈的挫折感,似乎显示病患的某些部分已经"逐渐衰竭"了。

临终者的普遍症状是虚弱和疲累,多数人衰弱到难以独力做任何一件事情,例如变得无法行走、无法在床上翻身、无法专心说话,甚至连眼睛都无法睁开。他们可能大部分的时间都在休息或睡觉。病患通常会愈睡愈沉,然后陷入昏迷状态,呼吸逐渐变慢,最后终于停止。

当死神接近时……

死亡时间是难以预测的,不过,通常会有一些迹象,显示病患即将在几个小时或几天内死亡。

第一个迹象是吞咽困难。当病患对食物和水失去兴趣,家属可能不明白那不仅是没有食欲而已。脱水反而能让病患舒服一些,因为能减少诸如呕吐、疼痛、呼吸困难等不适症状。最好不要倒液体到病患嘴里,希望他吞下去。如果病患无法吞咽,液体反而会流进肺里,所以当他无法吞咽,表示不再需要液体了,建议用湿棉花帮病患清洁口腔、用护唇膏滋润嘴唇即可。在这种情况下,许多药物必须停用,而以其他非口服的药物代替。

有时候,黏液堆积在嘴里、喉咙里、肺里,造成空气通过时发出声响,这并不必然表示病患呼吸困难,将他转成侧躺,通常能减少那种怪声。若是状况没有改善,再帮他戴上氧气罩,或使用药物把黏液吸干,让他的呼吸道畅通。

第二个迹象是,当一个人即将辞世时,呼吸会产生变化。例如,变得紊乱不规律,急促一阵子,然后又变慢,甚至停止好几秒,再恢复呼吸。再不然就是突然很大声又忽而微弱平静。

第三个迹象是体温。体温可能升高,但手脚冰冷、发紫或产生斑点,有时连嘴唇和指甲也变得青紫。通常体温升高或手脚冰冷发紫的情形,都不会让病患不舒服,也不需要处理。有人会大量出汗,需要经常擦澡、换干净床单,并做适当的皮肤护理。排出的尿液和粪便通常会减少,且尿液颜色愈来愈深。随着身体逐渐虚弱，还会有失禁问题。

有人有不自主的动作，类似睡着后的肌肉抽搐。这情形通常不会困扰病患，如果会，可以用药物控制。

当病患愈来愈虚弱、愈来愈想睡时，就愈没力气与旁人沟通。很多人只想要一两个重要的人在旁边，他们通常很少会注意发生了什么事；他们似乎不会听人说话，目光渐渐呆滞，仿佛看着某人或某物，却没有真正看见。有时不管是醒是睡，他们都半闭着双眼。不过一个人就算是虚弱到无法说话或失去意识，还是听得见，因为听觉是最后消失的。

这些变化，会发生在死亡的几个小时前，或两三天前，甚至更早。其中一两个迹象可能发生于几个星期前或几个月前。有经验的专业人员知道，这代表死亡真正逼近了。

只要把所有不适的症状都控制住，死亡也可以平静而安宁。最明显的死亡迹象是呼吸终止。如果呼吸变得愈来愈小或忽快忽慢，你可能很难判断。最后几口气有时候听起来就像叹息。若临终者是清醒的，你可能看到他露出淡淡笑容，仿如诀别的表情，或是双眼逐渐失焦，然后阖上。但如果患者是睡着或昏迷，你可能无法搞清楚实际状况。

心理重于生理的关怀

这本书鲜少描述临终者的生理状况，并非我们想缩小生理衰竭的影响，而是这本书所关注的不在于临终病患的生理照护，而是临死觉知。我们从那些觉知领悟到的信息，足以帮助我们减轻悲伤和心力交瘁的感觉。

尽管身体不再健康，临终病患感知到临死觉知后，依然能得到平静与安适，解除情感上与灵性上的痛苦。而家人在参与、见证这个临死觉知后，也能更加了解至亲在生理状况外的那部分自我。

生理上的变化，确实给临终者造成许多情绪上的不适，对亲友也一样。当一个父亲变得失禁，儿子必须帮忙清理，给父亲换上成人纸尿裤；当一个丈夫无法刷牙，妻子必须湿润他干裂黏腻的嘴；当一个弟弟感觉疼痛，姐姐必须对他施打药物，这些情境可以展现出真挚的爱，同时带来极大的苦痛，衍生出许多远比生理需求更难处理的情绪和疑问。

当你关爱的人即将离去，悲伤是必然。但对悲伤的反应，却因诸多因素而不同，且与你的前一个死亡经验有关。

若你从未接触过死亡事件，且没有前辈能教导你如何对待临终者，你该怎么办？帮助临终者没有绝对的"正确做法"，但是，接下来的内容能提供一些建议。

厘清自己对死亡的感受

临终者究竟有什么感受？而深爱他们的人又有什么感受呢？你有什么疑问或焦虑？若你快死了，会不会因科技发达到能把人送上太空却治不好末期重症而感到气愤？你是否不甘心把工作机会让给能力不及你却比较健康的人？你是否因为生活中许多方面再也无法自己控制而感到挫折？你是否害怕死亡瞬间的感觉？你是否恐惧死后的世界呢？

你不需要为这些疑问找到解答，多数人都没有答案。然而，厘清自己的顾虑、恐惧和喜好，却能避免你误解临终者。

举例来说，你很讨厌住院，希望死在家里，而你的临终亲友却宁愿在医院辞世，觉得这样比较有安全感。

或是，考虑该在何时停止治疗——这往往是经过各种考虑、讨论以及情感上的痛苦之后，必须面对的大难题。别挑战这个决定，支持它吧，若你反思自己的喜好，会发现与当事者的看法天差地别。有了这一番思索之后，这难题就没那么难解了。千万别把自己对死亡的观点强加于他人身上，而应该以临终者的意见为主。

揣摩临终者的感受

厘清自己的感受后，再试着揣摩临终者的感受。这种尝试，让你更确定自己该说什么、该帮忙做什么。请对照库伯勒－罗斯医师所提出的临终者面对死亡的 5 个过程：否认、愤怒、协商、沮丧、接受。

尽管库伯勒－罗斯医师把这些经验归纳为"阶段性过程"，临终病患却不一定按着顺序走过每一个阶段。这些情绪，不仅出现在临终者身上，当人的生活出现危机或重大转变时都可能产生，所以对多数成年人来说并不陌生。若我们懂得事情的来龙去脉，了解临终者想完成的心愿，就会更明白他的感受：他们挣扎着要接受罹患重病的事实，且调适自己去习惯病痛，准备好迎接死亡，这是多么巨大而沉重的挑战，难怪伴随而来的情绪是如此多变且难熬，而且有时难以了解，甚至压得人喘不过气。

否认期

否认，是初闻噩耗的惊恐之下拒绝接受事实的反应。被告知罹患某种无法治愈或危及生命的疾病时，人们常常回答：

"我不相信，你们一定搞错了！这不可能是真的，我要去问第二个医生的意见！"

有些时候，他们会想：

"罹患这种病的人大部分会死，但我要战胜几率！"

否认可以表现在行为上。罹患任何一种重大疾病时，寻求第二意见是明智之举；若是寻求好几个第二意见，则是逃避事实。否认也会表现在拒绝用药或"忘记"按时复诊的日期。

为什么人会采取否认的态度呢？当我们听到一个太痛苦的消息时，会以否认来武装自我，借以争取缓兵时间，来适应突然而来的残酷事实。假设一个病患得知自己的病是末期，请尊重他表现出来的否认态度吧。当你遇上这种状况，别去挑衅，别自作聪明地逼他"面对现实"。通常病患是在病得更重、更虚弱时，才会放弃他的防御机制。也有人在接受与否认之间徘徊，他可能昨天才理性地说自己没有好转，今天又突然说："等我好了，我们可以再去露营！"

如果为了揭露他的否认,而直接对他说:"你知道自己的病非常严重,是不会康复的,你再也不能去露营了。"这样既刻薄又残酷,而且毫无必要。然而,你也不需要为了鼓励他面对现实,而同意他的否认态度。别说谎,否则你将变成否认态度的帮凶。尽管你假意的打气或许能带来一时的安慰,他最后还是会走出否认期,与你谈论死亡。若你表达出来的态度是不愿意面对那个现实,那么病患就会踌躇于向你表白心中对于死亡的看法,甚至觉得你不支持他,或者根本放弃他了。

既然你不能打破也不能鼓励病患的否认态度,该怎么做?你应该看出病患的心愿或渴求。当临终亲友提及康复后要去露营,你可以回答:"是很好玩,我想你会喜欢的!"这些回答肯定了他的心愿和希望,但没有加强他的否认。

有人的否认态度根深蒂固,永远无法移除了。

◆ 艾蜜莉雅的故事

当我探访87岁的艾蜜莉雅,她儿子在停车道上迎接我。

"请别跟我母亲提及任何癌症的事,"他说,"她常觉得困惑,好像不明白自己的病况。如果你对她提,只会让她更心烦。"

我对艾蜜莉雅自我介绍,表明我是护士,顺道过来探访她。

"真可爱啊!"她答道。

我询问她的诊疗病史,她细说60年前的分娩、45岁时的胆囊手术,相隔10年再切除大拇指内侧的肿瘤,同时做了几次牙科手术,然而,却对3年前双边乳房都切除的事,以及从那时起持续进行的化疗或放疗只字不提。我请她让我暂时离开,到楼下去问她的儿子,医生有没有对她说明疾病、手术和疗法。"说过,"他微笑回答,"很多次呢。"回到艾蜜莉雅的房间之后,我继续用听诊器检查她的胸部。"这里怎么了?"我问,指着那些乳房切除的疤痕。她低头看,显得大吃一惊。"哎呀,我的老天爷!"她说。艾蜜莉雅安稳快乐地多活了一年。我每周访视她两次,但她从来"不记得"我是谁,或者我来做什么。她继续每天填《纽约时报》的字谜游戏,而且精准度极好,但从来不提她的病,我也没提。

若否认不是来自病患,而是来自旁人呢?亲友对于病况的否认态度,经常持续得比病患还久。这消息实在太令人难以忍受了,他们会假装它不存在。

这是人之常情,可以理解,但这种反应却可能折磨病患。家属可能会说:"你今天看起来好多了!"真的倒无妨,但如果不是真的,病患的解读就会是家属的力量不足,或不愿意处理眼前的事实。

病患可能尝试打破家人的否认,说:"我知道自己病得很重,而且无法治愈了。"家属的否认反应往往让病患不得不断定:那是因为真相实在太痛苦。于是一场怪异的共谋开始了,参与这场共谋的每个人都假装病患会康复。要勉强撑着这个虚构情节,是很耗费能量的,而且病患本身的能量早已严重不足,就要油尽灯枯了。其他人的否认态度,会加重病患的负担,让他只能抽身避开这些否认病情的人,因而加重了他的孤立感。

愤怒期

  临终者可能感到愤怒。经常听到有末期病患问："怎么会发生这种事？"有人气愤上帝让他罹患了这病，有人怪罪医生无法治愈他，有人愤恨政府把经费拿去购买武器而不补助医疗研究，有人索性对整个世界都不满。无论他们的矛头指向谁，怒气往往发泄在最亲近、最安全的人身上，于是拿亲友当出气筒。在愤恨炮轰之下的亲友，难保不受伤害。若你直接顶撞，就变成争吵，结论还是无解。除了没有建树之外，若以"好啦，你知道医生都尽全力了……你应该心存感激，情况原可能更糟的"来劝病患息怒，还可能激怒他，让他认为你小看他的感受，或是你"支持敌对那边"。

  比较可行的做法是：找出原因。将愤怒当作另外一种情绪引发出来，以末期病患来说，愤怒的根源通常是挫折、厌恶或恐惧。

  挫折可能是因为感到无助或无力把控自己，变得需要依赖别人；厌恶是因只能眼睁睁看着别人的人生顺利进行；而恐惧呢，则是不能确知死亡究竟是什么样貌。

◆ 丹的故事

  33 岁被诊断出严重扩散的癌症之后，丹成了一个非常愤怒的年轻人。在此之前，他是个尽职的水电工，且是一个好丈夫、好爸爸，他的生活方方面面都平衡得很好。然而就在短短的90天之内，他病倒了，衰弱到无法下床、无力刷牙，不得不辞掉工作。就连他想喝杯水、吃药抑止那急剧加重的痛或是上厕所，都需要别人协助。他无力照顾小孩，甚至连最轻松的家务都帮不上忙。他的妻子成天忙着理家，或忙着找人来帮忙。而丹抱怨她睡觉时反复转身害他疼痛，逼得她只好搬到隔壁房。

丹被纳入安宁疗护体系后，我们推想，他的所有愤怒都源自于无助和挫折。他失去生活品质，不再能做好丈夫和父亲的角色，对于疾病，他根本无法自主控制，就连最基本的需求都被迫依赖别人。

这一切完全合乎常理，但常理不足以缓解怒气。我们不对丹解释他为何愤怒，而是回应那愤怒底下隐藏的情绪：我们的目标不在消除他的怒气，而是增加他对生活的主控权，以减少他的无力感。

我们开始让丹尽可能指挥所有的事情，餐点、访客、沐浴安排等。都是些小事情而已，没错，但是都由丹做主。我们尊重他的意愿，让他拥有相当程度的自主权，同时让他明白我们对他的同理心。这是个开始，帮他了解自己的愤怒并转移它。

丹从无时无刻不在冷嘲热讽或咆哮着要人协助，减少到偶尔发一次脾气。有一天早晨，在他一连串抱怨睡得不好之后，我温柔地说："看来你昨晚真是睡得很差啊。"

"你他妈的说对了！我睡得超级差！"他大声回答，然后点点头，叹了口气，眼中浮上泪光，开始说话。

"你不知道我晚上多么难过,"他看着妻子说,"我真讨厌在晚上痛醒,必须靠伊莲帮我拿止痛药。有时候,她根本没听见我的叫喊,所以我试着等待,但疼痛愈来愈严重。我真气不能自己拿药,而必须麻烦她,多希望她能睡在这里,但我知道她也需要休息。"

现在轮到伊莲生气了。"你说我在床上翻身,会让你更痛,"她目光含泪地说,"我怎么做你都不满意!"

"丹,看来你误解伊莲了。"我说。

无助伪装成愤怒

这下子打开了大洪水的闸门,情绪宣泄而出,丹流着泪对伊莲解释,他多么伤心、多么寂寞。她的回答是,与他分房睡,让她觉得很受伤,好像丹不喜欢她在身边。

他们达成共识:伊莲回来睡,旁边的床头柜摆着一杯水和止痛药。这样子丹就能轻易地叫醒她,她一伸手就能把止痛药拿给他,用吸管让他喝水吞服。然后他俩就能继续睡觉,或是醒着聊天。那之后,丹又多活三个星期,却比之前的许多日子都要美好。

"我们聊得最好的几次,都是在半夜,"后来伊莲说,"他总说跟我一起睡时,他睡得比较好,而我也知道这样对我比较好。有时我们会聊到刚结婚那时,聊到他对儿子们的期望,聊到生病后的感觉有多糟。然后我们一起哭泣,因为我们不知道,若没有对方该怎么办。听起来很悲伤吧?的确很悲伤。但是比起之前我们互相叫骂要好太多了。最后一个星期,我有几晚醒过来,他会躺在那里看着我,对我微笑,我就用双手抱住他,然后一起睡着。"

丹和伊莲做到了,打破那道把自己和对方隔开的怒气之墙。同时得以畅谈,到底是什么情绪导致他们气对方、气自己、气整件事情。打破高墙并不容易,一旦打破了,就能让他们在最需要对方的时候,靠近对方。

当你遇见生病的亲友在生气,察觉其背后的原因可能是无助,请试着同情他吧。不妨对他说:"我可以了解这感觉真是难过,老是需要请别人帮忙。"或说:"这好像会让你觉得很受挫吧?"尽可能随时随地将选择权和控制权交给临终者。要针对挫折做出回应,而不是针对怒气。

愤怒也有可能是出于厌恶,也许是看到同事、朋友或家人都在享受着责任与机会,然而,临终者却惶惶不见未来。

◆ 丽姿的故事

丽姿是个罹患乳癌的护士,即将在 32 岁走向生命终点。她以前曾在家乡的一家小医院工作,获知诊断结果后,她回到几百里外的家乡,打算在那家旧时工作的医院里,度过最后的几个月。

这几个月对所有与她相关的人来说,都是很难熬的。除了外貌改变,丽姿还忍受着身体的剧烈疼痛。老同事们为她的状况感到悲伤，却被老是发脾气、连珠炮抱怨的她，弄得很不舒服。

以前和丽姿在同一个部门工作的老同事们，发现她有一种行为模式。他们每个星期固定好几天会带午餐到房里探望丽姿，与她聊部门新近发生的事，聊她认识的病患的近况，或是新案例和新疗法。吃午饭时，丽姿会变得愈来愈乖戾，然后整一个下午，直到晚上，她都是充满了敌意，很难伺候。

有一天晚上，照看丽姿的晚班护士提及此事。

"你好像很不高兴，"她说，"我能为你做什么吗？"

"没有，我只是心情不好，"丽姿回答，"我好像一直都心情不好。"

"一直？"

丽姿想了一会儿，答道："喔，也不是啦。只是常常到了晚上，我就会变得没有耐性，好像大家都惹到我了。你应该也注意到了。"

"没错，我注意到了，"护士回答，"我也注意到，好像都是发生在特定的日子。"

"你指的是什么？"

"我是三点进来换班的，只要日班护士说，你的老同事中午来过，我就知道会看到你不高兴了。"丽姿想想，也点头同意。

"那是真的，"丽姿说，"他们来的那几天，我的确心情更不好。他们真是惹毛我了。"

护士问那些午餐时间究竟是如何度过的，丽姿把聊天内容告诉她，并表示她有时很喜欢那样的聊天。"我喜欢知道所有病患的情况和闲事，"她说，"那很有趣，而且让我觉得像是回到老家一样，而现在不再是那样了。"

"现在觉得怎样了？"护士问她。丽姿静默了一两分钟。"我知道这可能显得幼稚或恶劣，但他们来这里告诉我，我的部门发生了什么事，真叫我生气，"她说，"无论他们待多久，都会回到岗位上做我想做的工作，而我却只能躺在这个愚蠢的病房里等死！"

化解病患的愤怒与厌恶

丽姿的愤怒，来自于厌恶见到旧同事的健康、活力和前途无量的未来。看出这点之后，照顾丽姿的人终于可以修正她那个被惹毛的模式，避免火上添油。在丽姿的同意之下，那位夜班护士把事情转述给几个老同事听，因为他们也是为了丽姿的事而感到很挫败。

"丽姿以前不是这样的，"其中一个说，"现在她变得很难相处，我想我会等她不生气了，再来看她。"

夜班护士解释了她看出的模式，并提出一些可行之道。第二天的午餐，有一位老同事对她说了一句不一样的话。

"我们老是在聊同样的话题，我想你应该已经厌烦了，"她说，"你想聊什么呢？"

丽姿说她很喜欢福音音乐，于是他们花了半个小时聆听，并随着音乐一同歌唱。

几天后，另一位向来直言快语的老同事前来看她，直接提及她的病。

"我工作时真是想念你，"她说，"你发生这样的事，真让人难过。"

这演变成一次掏心剖肺的谈话,他们聊到两人之间的友谊、两人之间的悲伤,还祈祷可能在另一个世界里重聚。那次探访,带来了很多的拥抱和泪水,为这两个女人,建立出别具意义的亲近感。

夹带着恐惧的愤怒

愤怒也可能来自恐惧。多数人对于死亡,多少有些恐惧。谈到恐惧时,许多临终者会说:"我并不怕死,我怕的是临死前的那一刻。"温柔地追问就会道出清楚的恐惧:"我害怕,死亡会是什么模样?会不会痛苦?究竟会如何?"

很多人害怕谈论自己对死亡的恐惧。这种感觉经常在半夜浮现。有一天夜深时分,海伦问我:"临死时是什么感觉?"我刚要回答,她又说:"不,别告诉我。"她害怕听到的答案会让她更恐惧。然而,我的简单解释,立刻缓解了她的焦虑。我说,绝对没有她所想的那么恐怖。

有人会清楚表明:"我害怕那会痛,我觉得自己会受不了剧烈的疼痛。"也有人会说:"我一直信奉上帝,宗教信仰是我生命中很重要的一部分,但我现在开始怀疑那是不是真的了。我死了真的会见到上帝吗?会不会什么都没有呢?"

如果病患无法用言语描述他的恐惧,或说:"我就是害怕这整件事!"也许可以问一下他过往对于死亡的经验,找出疑问为何,不同经验会造成不同的恐惧和需求。探知病患的经验和他的观点,有助于找出恐惧的源头。只要了解他的恐惧在哪里,就能与适当的人讨论,例如,医生或护士能够回答"我的身体会变成什么样子"或"我会痛苦吗"之类的问题;而神父、牧师或拉比可以讨论神的问题。有些病患害怕医疗过程只是延长折磨,而不是帮助他们改善生命质量。

◆ 戈登的故事

必须面临生命终点,让戈登非常愤怒。他总是对家人朋友板着一张脸,对医生和护士更是充满敌意,经常咒骂。这一点儿都不像生病前的他。

我们还是想找出模式。他不生气的时候,其实不多,但怒气何时加重、何时减轻呢?什么事会让他大发脾气呢?

戈登最气医生和护士,尤其是他们想让他吃药的时候。有一天戈登对他的牧师说,他不信任医护人员,他怕他们会因为要找到新的疗法而拿他试验,不让他平静地死。"这些人的做法,只是延长我的痛苦。"

当医生说不会再有治疗时,确实减少了他的愤怒。而真的帮助他减轻怒气的,却是另外一种方法,那就是当护士拿药给他服用时,刻意温柔地说:"这些只是要让你舒服一点,不是要延长你的临终折磨。"戈登还是怒目相视,从来不曾变得和气或友善,但是情绪不那么激动了,愤怒的源头被抑制住了。

末期疾病造成的愤怒,来自于各种不同的可能源头。许多情绪的起源是他们体会到自己在走向死亡的过程,在失去。想辨认出这些情绪并不容易,试着理解那些情绪,能帮你对他们的愤怒做出有益的反应。

协商期

若你想理解临终者的协商所指为何,最容易的方法是观察孩子上床睡觉时的模样:还要再抱一下,还要再听一个故事,还要再喝一杯水,他们会变得多么有创意啊,只为了要多拖延几分钟不睡觉。

临终者面对躲不掉的命运时,同样想尽办法拖延。他们和上帝协商;如果他们不信上帝,也会与任何被认为有能力延长他们生命的人讨价还价。

许多协商都和接受治疗有关。人们会这样告诉自己:

"我会做化疗,我会坚持健康饮食,我不抱怨,这样上帝才会让我活到孙子毕业以后。"

艾滋病患经常会对上帝允诺,要用仅存的生命帮助他人逃过这个瘟疫。他们可能会这样想:

"我会致力其中,我会照顾别人,我会教人们如何避免被感染。但是主啊,如果我能做到这样,祢一定要让我活久一点啊。"

神奇的是,这些条件下签的合约,经常是成功实现的。

临终者签下什么合约并没有被人发现,谈什么条件也不得而知。若某个临终者向你提到这件事,请用尊重的态度听他说,回答他:"那不是很棒吗!"或者"我们会尽全力帮忙的"。

沮丧期

临终者的沮丧来自于哀恸。他们和常人一样会对失去的事物感到忧伤。不过他们的哀恸分成两个部分:

- 悼念因为疾病而失去的健康、家庭角色、工作、独立性。
- 哀恸死后会失去的各种关系、自己的人生,还有未来。

我们都有许多人生计划与梦想:生几个小孩,去哪里旅行,写什么书,开创什么新事业。如果认可了这个即将来临的死亡,就等同于放弃了这些可能性。它们是失去的东西,值得悼念。

这些哀伤和沮丧的情绪,应该受到庄严的尊重,不该被打消或淡化。对临终者来讲,说那些隔靴搔痒的场面话,诸如"要看光明面啊""你已经有一个很好的人生了""我们迟早都会死的",听起来都像是想把他们情感上的苦痛缩小、淡化。当他们向你表达这类情绪时,你能做就是倾听,通常不需要回答,只需要试着理解。

◆ 马克的故事

大家都以为马克的癌症已经治愈,却复发了,而且癌细胞蔓延的情形严重，仅剩少许的存活时间。他显得非常哀恸，没完没了地述说即将离开妻子乔伊丝和年幼的孩子让他多么伤心。尽管他和乔伊丝已经为孩子们未来的丧父状况做足准备，但他丝毫不觉宽心。马克知道乔伊丝很坚强，也知道她在他走后能找得到人帮忙。

他不需要你的打气，不需要有人对他说："我会帮你抚养小孩。""你走后，我会多陪陪乔伊丝。""还好，至少你的癌症并不会痛，至少你还有时间做准备，至少你这辈子已经有些成就了。"马克需要的只是有人听他诉苦、听他强调他的伤心，看着他落泪。

接受期

接受是一种平静辞别人世的感觉，通常不会持续很久，除非死亡真的近了。常见的是，病患会出现偶发的短暂接受期，然后忽然在某一天、某一段谈话、某一个句子上，又跳回不同的阶段。然而，死亡终究会来临，到了那时，就会永远撒手人寰。这样的时刻，他需要的只是一两个重要的人陪伴在侧，而且前提是临终者觉得舒服。

若你恰好是其中一个重要的人，你的情绪可能无比纷杂，临终者平静地接受死亡可能带给你一些安慰，但接受也意味着分离和割舍，不管是多么亲近的关系。这对于留下的人来说，是非常痛苦的。

◆ 麦克斯的故事

麦克斯退休前一年,计划与妻子宝拉来一趟横跨全国的旅行,然而就在最后一星期的工作时,他被诊断出癌症,于是退休计划不得不从全国旅行变成18个月的治疗、服药、住院。他的身体日益虚弱,少有舒服的时候。这段时间,麦克斯很气愤生命对他不公平,誓愿要康复。

"我不想生病,我要去看大峡谷,"他对宝拉说,"我不想死!我不想离开你!我要我们照计划游玩!"

麦克斯没机会实现那趟旅行,而且他生命的最后几天,只能躺在床上,几乎不能开口。他所能做的沟通只是在宝拉帮他按摩背部、助他服药、给他尝一口冰淇淋时,对她投以充满爱意的微笑。他显然相当舒服而且平静自在,宝拉却完全相反。

"我知道应该为他高兴,庆幸他不用再受苦、不用再疼痛、不用再抵抗癌症了,"她说,"但我并不高兴!我不想见到他这样子,那感觉真讨厌!说这种话让我觉得自己好自私,但是他好像很高兴就要离开我了!好像他快死了还很快乐,这让我很受不了!"

麦克斯放手了——放弃他们计划的旅行,放弃他渴望的康复,甚至放弃了对于离开妻子的歉疚。他能够放手,是因为他克服了悲伤,准备面对死亡。对宝拉来说,这却像一种拒绝,仿佛麦克斯想从她身边抽身离去,那种感觉实在痛苦,她很羞愧自己这么想。

这种反应并不少见。很多人会认为，我们应该只关心临终者的需求，只关怀他的痛苦，但是我们也关心自己和自己的损失啊。宝拉希望麦克斯不用再抗癌，能安宁辞世，她又不希望他离开她，这种两难，实在痛苦。若想帮她走出来，最重要的是，让她尽情哭泣，去倾听她的心情，不做任何批判，而且要同情她的痛苦。

多数临终者，以及他们的家人、朋友，会在这几个面对死亡的阶段间翻来覆去。从愤怒转变成否认，再转变成接受、转变成协商、转变成沮丧，反复来回多次，这些阶段没有明显的次序，也不一定同时出现。

◆ 茉莉亚的故事

茉莉亚罹患肺癌，癌细胞扩散范围过大，无法进行手术切除，六个星期的放射线治疗即将结束，却不见好转，甚至变得更差了。她和丈夫与医生谈过，确认了大家都害怕听到的事：她可能只剩下三个月的生命了。他们通知了住在附近的两名成年女儿和住在西岸的儿子约翰。

我抵达时，茉莉亚的女儿珍在厨房哭泣，她曾经是个护士，现在负责照顾母亲。

"这事实在太难处理了，"她说，"昨晚我母亲还说医生才不懂哩，只要她能吃东西，病就会好啦，她那样说，让我父亲气得对她大吼，然后冲出去，好几个小时才回来，原来他出去喝酒了。今天早上我姐姐莎莉打电话来，想谈母亲的后事，还不明白我为什么一直哭,然后我弟弟从加州打电话来,说有一种新的化学疗法,他想知道母亲的医生是否知道这药。是这整个家都疯了吗,还是只有我?"

我们从她的悲伤和痛苦开始谈起,母亲的预后(prognosis)并不让珍惊讶,她在医院任职时,已经照顾过很多癌症病患。

"我知道她会逐渐衰竭,我以为自己已经有了心理准备,"她说,"可我没想到竟然这么难。"

这种情形很常见,医护人员常以为自己知道亲人的状况,就不会太难过。但是知识只能让人了解状况,并不会消除痛苦。

在不同情绪阶段转换

珍明白自己的悲伤和沮丧,又庆幸自己至少是在处理现实事务,她继续描述其他家人的反应。

"我母亲现在处于否认期,但那不会持续很久,"她说,"她知道自己愈来愈差,已经有一阵子了。上个星期她告诉我,她不想继续这样下去。父亲呢,当然觉得很不如意,但他总是用发脾气和喝酒来隐藏自己的情绪。"

然后她大笑,指着厨房台面上的那堆湿卫生纸。

"我这一代的反应也不会太好,"她说,"约翰是个精打细算的人,我敢说他一定能找到一笔划算的交易,帮母亲解决所有的问题。莎莉呢,会冷静自制,暂时接受,然后在某事发生变动时,整个人崩溃。"

两三天后我再去探访时,珍告诉我后续发展。

"我们的角色都换了。"她说,"我大声责怪父亲喝酒,他和我母亲详细计划了葬礼的事，母亲要他打电话给神父。惠勒神父过来了，与他们一同计划葬礼事宜，最后终于谈妥。"

"母亲将她想留给孙子的东西列了清单，"珍继续说，"她搜集了许多音乐盒，标出最爱的几个，我们才知道哪一个要给谁。莎莉打电话问医生那新药是否有用，约翰也打电话来，说他前几天都没睡，担心自己可能见不到母亲的最后一面，所以他这星期会赶回家。"

短短几天内，珍从沮丧转变成气愤，母亲从否认转变成接受，父亲从生气转变成沮丧，莎莉从接受转变成谈判，约翰从协商转变成沮丧，再转成接受。这些情绪是珍的说法或观察。这只是个非常简单的例子，说明当某人面临生命终点时，家人有什么反应。在珍的家庭里，或许每一个人都感受过这些情绪，全部情绪同时出现，也是可能的。

每一个相关的人，都有自己的一整组情绪，而每个人对这件事的情绪加起来，就成为这个家在这个事件上的整体经验与行为模式，而留下家族历史。

某种意义上来说，人面临死亡的态度（或面对某人的死），经常反射出自己惯常的危机处理模式：冷静的人维持冷静；易怒、霸道的人继续易怒、霸道；以照顾他人出名的人可能直到最后一口气，都还在照顾他人。

适当回应负面情绪

你要如何回应这些情绪？若病患在否认期，配偶在气愤期，女儿在沮丧期，儿子在协商期，挚友在接受期呢？第一步可能是最难的：少安毋躁。别想要帮助谁"度过"他的否认期、愤怒期、沮丧期而进入接受期，只因多数人认为那才是看待死亡的"正确"态度。接受期是个比较舒服的阶段，对照护者来说接受期的病患的确比较容易照顾，但面对死亡，这些阶段并没有绝对的正确或错误，也没有改变得比较好或比较差，它们只是可以预料到的、一般人对于死亡过程的反应。

试着别提出建议或寻求解决方法，仅需倾听、接受就好。这点很难做到。因为当你真的倾听，就会听到或感觉到痛苦。若你只想解脱自己的苦恼或平息他的怒气，便会忍不住提出建议或说些话，以期躲开那些痛苦和悲伤。很不幸地，那是躲不掉的。

感觉有贡献

究竟你要涉入多深？若当事者是你的配偶、孩子、父母，你可能义不容辞负责大部分的照顾，经常陪伴在侧。如果生病的人是你的朋友，就需要决定究竟要涉入多深。投入时间可能视情感亲疏而定，对普通朋友和挚友可能有所分别。投入的程度最好是和他生病前一样，或者只比他生病前稍微多一点而已，重要的是，要理性地决定自己要涉入多深。

当你决定不要探访或不与某个临终的朋友太过热络，请考虑以下做法：向当事人表示你已得知他的情况了。许多人喜欢送鲜花、卡片，或发一则简短的讯息如"我刚才想到你"，这样能让他们觉得，自己已经致意了。若你不想思考自己是否要见那人，或已经想到了却不想做出决定,那么,无论在他死前或死后,你都会有挥之不去的罪恶感。

"我让他失望了,"你可能会对自己说,"我应该打个电话的,真后悔自己没有多做一些。"

许多临终者是很寂寞的,并不只因为没人来探病,还因为探病的人的表现。这些访客常常停留许久,只聊天气、球赛、政治等无关痛痒的事。无论有无自觉,他们故意这样做、这样闲聊,以避免病患说出切身感受。然而,当临终病患无法畅谈自己的感觉时,他们会变得落寞,甚至回避关怀他们的人。他们可能会觉得被孤立、被抛弃,甚至变得愤世嫉俗。

◆ 琴的故事

琴过世前写了这样的话:"当我的主要看护人告诉我,她必须离开几天,别人告诉她,如果我需要什么,我可以打电话找他们,其中几个也直接对我这么说,但只有一个人有明确的提议。"

"我知道你身体健康时会上教堂,"她说,"我想星期天带你去,我会在十点左右来接你。如果你最后一分钟才发现不能去,也没关系,一点都不会对我造成不便。"

"那个电话真让我安慰,"琴这么写道,"我无法轻信一般人随口提出的好意,说如果我开口求助,他们就会帮助。只有这个人,提供了一个实在的帮忙,而且确实做到了!"

如果你想帮的是日常生活的小忙,就具体说出细节,别提些太笼统的建议。例如,不要说"如果我能做什么,尽管打电话给我"或"如果我能帮忙,要告诉我"。临终者该处理的事实在太多了,他们不确定该做些什么,也不确定你的提议是否只是出于礼貌。诚恳些吧,提出实实在在的帮助。

例如,你可以对朋友说:"我知道你喜欢音乐,我明天带一些唱片过来,好吗?"或是提议帮他买菜、帮他打扫或抹拭灰尘。永远允许他在最后一分钟取消约定,然后再加上一句:"如果这不是你想要的,请告诉我其他选择。"这样可以解除他必须自己求助的压力。

当你是最主要的照护者,若接受别人的帮忙就不会负荷过重。如果别人提出的只是笼统的好意时,可以直接对他说:"谢谢,有一件事的确可以请你帮忙……"朋友通常想伸出援手却无从帮起,若你能说出具体任务,他们会更容易帮你,而你可以把省下的精力用于其他工作上。

谈论死亡

谈论死亡,也是不容易的事。你可能担心自己误说了什么而"雪上加霜"。

人们常认为,提及死亡会让临终者心情不好。很多人担心提到这么悲伤的事会眼泪溃堤,而且还引得病患也一起哭泣。然而,保持冷静沉着的人,却被人说成"冷漠无情"。

◆ 索妮雅的故事

索妮雅抱怨自己的小孩,说他们努力保持坚强冷静。

"他们应该哭的,"她说,"我为他们付出这么多,我快死了,他们应该难过!"

她儿子被人叫回来。

"可是妈妈,我们是因为不想让你更难过啊,"他说,"你向来都不忍心见到我们难过的,你总是会陪我们一起哭。"

"我还以为你们根本不在乎!"她说。

请记住,没有表示,往往给人不在乎的感觉。你和病患讨论死亡时,会有很多因素影响讨论的深度和亲密度。如果他选择相信诊断,带着这病走完人生,对死亡也已经有心理准备,何妨直接与他谈论死亡,或许这更有帮助(也确实如此)。然而,临终病患也许不会有精神来讨论死亡的事,或许他有其他人可以聊,而不必与你聊,也或许他只是不想谈。别勉强他人谈论此事,但也不用避谈。开始谈论死亡前,需要先让病患知道你的态度。当你不确定他能不能复原,就问:"有没有觉得好一些了?"或:"要不要告诉我,发生什么事了?"这样的问题或许有助于展开谈话。第一段对话通常是最难的,只要打破冰山,就能逐渐谈开了。

你也可以光表示你有意愿谈,然后让谈话自然发展。例如,以一句简单的感触来开头:"很遗憾听到你病得这么重。"或

"听到你的事让我好难过。"然后等他回答,并且倾听。没有哪一句话绝对是对的,但表达你的爱和关心,绝对不会是错。

别害怕说错话,我们都曾经说错话,但是良好的关系并未因此受损。病患通常会容忍别人出于热心和爱的无心之过。比较难原谅的是没有任何表示。生命所剩不多的人,需要陪伴的人愿意倾听,愿意了解他们的处境,在他们面临绝境的时候,愿意付出爱,伸出友谊之手。

Part II

临死觉知：我现在经历了什么

Nearing Death Awareness:
What I an Experiencing

接下来，这五章将说明临终者在死神接近时的感知经验。他们可能自知大限已近，而且经常用"旅行"或"转变"来描述。有人会提及他见到或感觉到某个我们无法看到的人，陪伴着他走完最后一程；有人会提及旁人无从得见的另一个世界，述说那里多么平静而美丽；有人知道自己确定的死亡时间，且告诉了我们。

当临终者开始体验到这些感觉与知觉的时候，常显得若有所思或心烦意乱，甚至有点困惑。他们可能会提出许多问题，眼神放空，视线仿佛穿透我们，而把焦点放在我们身后。也有点像妇女生产时的样子：忙碌、努力、专心致志要迎接即将发生的大事。

临终者不因有这些感知而苦，反而觉得这些体会是愉悦的、令人放心的，甚至从中得到安慰。然而，见到病患描述这样的感知经验时，亲友却十分苦恼，且害怕病患产生幻觉、意识混乱或发疯了。若有人能够了解这些感知经验，知道那是描述接近死亡的体会，就能从临终者的身上学到东西，与他分享由这些经验得到的平静与安适。

5 Five
"地图呢？"

◆ 艾伦的故事

艾伦是典型的 17 岁拉拉队长。金发碧眼，聪明漂亮，而且很有个性。她是个好学生，在参与的所有活动中都出类拔萃，正期待秋天与朋友一起升入大学。但是高三的九月，她的右大腿却出现尖锐的疼痛。

她起初以为是替橄榄球队加油时拉伤肌肉，然而那疼痛不退反增，腿也变得虚弱了，于是她去看医生。X 光片显示出令她家人惊愕的事：原来其他地方的癌细胞蔓延到她的腿骨。

尽管大范围的检查一直找不出癌细胞的原发部位，但癌细胞已经扩散到肋骨、左臀骨和肩膀，所以不能考虑截肢。她立刻开始接受放射线治疗。

艾伦和家人对于这个噩耗沉默不语，但马上团结一心，互相支持。艾伦选择把癌症当作一种挑战，而非灾难。她的决心感动了家人和朋友，他们各自提供一份心力，帮助她一边接受治疗、一边完成学业。

艾伦的兄弟、朋友和老师们多次帮她拿书本，或推轮椅走过学校回廊。她太虚弱而无法上学的时候，会有一个家教老师到家里教她。她就这样勉强维持了好成绩，在全班同学的起立鼓掌声中毕业了。

朋友们在秋天进大学，她含泪对他们说："等我做完治疗，我们下学期见！"

"我们家是虔诚互爱的基督徒，"她母亲说，"我们之中若有人有困难，全家人都会分担那个苦，我们会一起奋斗。"他们的确一起奋斗了。

"我的小公主是个斗士，癌症打不倒她的！"她父亲说。

诚实沟通胜过怜悯

然而，癌症终究击倒她了。各项治疗的效果并不好，她的病以惊人的速度恶化。艾伦想上大学、长大成人的美梦逐渐远离。她对于大世界的兴趣愈来愈小，对朋友来访也提不起劲，现在的她，只想舒舒服服待在家里，与家人在一起。

既然各种方法都没有见效，艾伦决定停止治疗，因为她的"康复期"愈来愈短，而且愈来愈少出现了。当她羸弱到无法自理时，医生力劝家人给安宁院打电话，寻求指导，好帮助她度过疾病的最后阶段，家人却坚决不允。

"我们不需要外人来帮，"她母亲说，"我们可以自己处理。"

"艾伦已经愈来愈虚弱，难以到我诊所来，"医生坚持，"我没有入户治疗的服务，而我希望她能接受专业人员的监测，确定她处于舒适的状态。"

"我们信任你的判断，我们会想一想，"艾伦父亲说，"我们是怕她一听到'安宁院'这个字眼，会以为大家都要放弃她了。"

过了将近一个月，艾伦的家人才打电话给我们，那时的她已经恶化到只能躺在床上，疼痛愈来愈剧烈。

我将车驶进他们的车道时，艾伦父亲坚毅地站在草坪上等我。

"你不会对她提到死亡吧，"他问，"我们必须为她坚强起来。"

我向他保证我只想认识艾伦和她的家人，只会谈她想谈的东西。不过，我说，我会反复问她是否觉得舒服。我衷心希望艾伦面对我时能轻松自在。

提供正确的信息

这样的情形，一开始是很常见的，家人迎接安宁护士时会提出警告："别对她提死亡的事。她并不知道，也无法承担的！"一会儿之后，病患会偷偷对护士说："别跟我的家人提到我即将死亡，他们并不知道，也无法承担的！"但是在支持与鼓励之下，病患和家属都可以丢开这种互相怜悯的共谋，更诚实开放地沟通。

"她拒绝吃任何药物,"艾伦父亲靠在我的车上说道,"她知道那其实是麻醉药,她不想变成药物上瘾。"

"我会处理艾伦需要的事,不管她想要用什么方式。"我说,"首要之务是给她正确的信息,让她得以用自己的方式面对死亡,尽可能得到最大的舒适。"

她父亲似乎放心了。"我们真是无法相信她会遇上这样的事,"他强忍着眼泪说,"我们不是要找你麻烦,她已经受了这么多的苦,我们不希望你再说什么或做什么,让她更难过。"

"我知道你们很担心,"我说,"我相信如果你们多了解我一些,就会比较放心。不如我们一起进去见她,一小会儿就好。"我建议。艾伦的父母小心戒备地让我见了她。

艾伦非常消瘦,骨节嶙峋可见,让她看起来像只身形脆弱的小马。她身边摆满了毛茸茸的巨大枕头。她母亲和我坐在床的两侧,她父亲站着护卫,预防我触及禁忌话题时立刻叫我住口。

艾伦显得安然自若,很高兴见到我。"如果你能给一些建议,让我家人轻松一点,就太棒了,"她说,"他们已经很辛苦了。"
"知道吗,艾伦,"我说,"这正是你父母提及你时所说的话,他们觉得你也很辛苦。那么,不如我们来一起努力,让每个人都轻松一点?"艾伦微笑同意,她父亲明显地松了一口气。

化解排拒的心理

我们的讨论慢慢转移到疼痛,以及她不想变成药物成瘾的问题。

"如果你不生病也不疼痛，会吃这药吗？"我问，"你会用这个药来逃避现实或让自己兴奋吗？"

"当然不会！"艾伦理直气壮地回答。

害怕上瘾是很正常的，有人的确因为止痛剂或镇静剂服用不当而上瘾。不过，会上瘾都是因为服用药物是为了同时满足生理和心理需要而造成的。如果只是为了生理需要而适当使用药物，通常不会有什么问题。长期使用，身体可能会产生耐受性，但可以通过加强剂量轻易达到舒缓的效果。上瘾需要心理上的依赖，生理和心理因素同时并存才会发生。所以，适当使用止痛剂是不会上瘾的。

我解释，若艾伦规律地服用较小剂量的止痛剂（即使她没有感到不适），就不会发生因突然剧烈疼痛而需要用到她偶尔才用的较大剂量来止痛，这样当然也就不会有成瘾的问题。

"我会照这样试吃两天，看结果如何，好吗？"她问。

"好，"我说，"我们一步一步来，由你做主！"

之后，艾伦父亲送我到车子那儿。

"我每星期来两三次，你同意吗？"我问，"我觉得还有可以帮助你们的地方，艾伦显然很担心你们，就像你们担心她一样。"

"我们可以试一个月之后再决定吗？"这个家的人，似乎都很重视要掌握自主权。"没问题！"我说，"你们随时可以开除我。"

我迷路了

将近一个月，艾伦的家人把她照顾得很好，全家同享宁静平和的时光，直到有一天，我接到艾伦母亲急迫的电话。

"快来！"她说，"我们控制不住了！"我可以听见她后面的艾伦正在哀嚎。

我到的时候，艾伦正在用力敲打着床，好像非常痛苦，她父母努力安抚她，却没有用。

"地图呢？"她大喊，"我迷路了！"

那天早晨，艾伦的父母把她移到楼下，安置在他俩房间的隔壁。因为她的声音愈来愈虚弱，他们怕听不到她在晚上呼叫求助。

他们担心搬移房间会让她不习惯，便跑上跑下地将许多东西移下来，希望她能适应新房间。但是他们移下来愈多，艾伦愈不高兴。她把那些东西都推开，看上去既焦虑又灰心。

"地图在哪里？"她大叫，"如果我能找到地图，就能回家！地图呢，我要回家！"

她父亲赶紧出去买了一份这个镇的地图，贴在床边的墙上，希望能有所帮助。但是她只变得更加焦虑。

我让她多服用一些止痛剂，情况也没有改善，于是我要她父母到房间外面谈谈。

解析临终的隐喻

"她有没有可能是在说另一个家？"我问。

"我们没有其他的家了,"她母亲回答,"但我们常常说,天堂是我们以后的家。那是她所指的吗?你是说她快死了吗?"

"艾伦看起来不像快死了,"我说,"但她病得这么重,这当然也是有可能的。"

她的父母认为她可能是指天堂,用"迷路"暗示她的死期近了。

我们走进艾伦的房间,她的父母坐在床的两侧,握住她的手,亲吻她。

"艾伦,没关系,"他们说,"你会找到地图的,你会找到路,我们了解你的状况,而且我们会在这里陪你。"

艾伦立刻平静下来,变得很安详,慢慢睡着了。她的父母在旁边抚摸她的手,也一样平静安宁。危机好像已经解除,我静静地离开。

第二天是星期六,我请值班护士去探望他们。"我打电话说我会到他们家附近,"护士向我报告,"虽然他们表示一切都好,我还是说下午会顺道去探望他们一下。"

"我到的时候,艾伦被叫醒,虽然她看上去很想睡,好像还算舒服。"她继续说,"她的父母和兄弟也表现得很好,他们轮流坐在她身边并握着她的手。他们在夜间也轮班,这样大家都有时间休息,我看不出有什么问题。"

"艾伦那时在睡觉,所以我们全都待在客厅讲话,她就是在那时去世的,没有丝毫预兆,宁静祥和。我们都很惊讶,艾伦母亲却说'她是担心这结果会让大家很不好过,正好是护士在的时候去世,不是很奇怪吗'。他们全家人围绕在她床边,抱着她,轻声对她道别。她母亲一边哭,一边说:'她回家了,她找到地图了。'"

临终者常用旅行,对身边的人暗示自己即将告别。他非常关心至亲的幸福,想着:"他们知道了吗?他们准备好了吗?他们会有问题吗?"临终者仿佛需要得到他们的准许才能离去。得到批准,会让他如释重负;得不到,告别的路将更加困难,更加漫长。临终者会从旁人的表现,直觉地知道,这个准许何时被延置了,通常他也知道原因。这样的延置,表示至亲并不了解他在受苦,还没准备好让辞行画下完美句点。

看看艾伦父母的苦恼:忙着楼上楼下跑,移动艾伦房间的物品;看看艾伦的焦虑:在床上哀嚎,用力敲打,试图对父母传达某件事情却徒劳无功。这些真不如艾伦安适地躺在床上、她父母静静抚揉着她的手陪伴着她那么安宁。

你可以看到,艾伦父母如何回应她的需要,表示他们已经明白她极力传达的讯息:"我要走了,现在是我结束这场人生旅程的时候了;我需要知道你们了解,也有所准备。我需要你们允许我离开。"

临终者的家属若能像艾伦的家人那样,了解并回应他想传达的讯息,那么所有相关的人将能一同分享那份宁静与安详。

6 Six
准备旅行或转变:"我准备离开了。"

即使没有人知道或告诉临终者,临终者也能了解自己死期将近。他们希望与旁人分享这个信息,他们用象征性语言表示自己已准备好进行下一段旅程或迎接即将发生的转变。旅行经常用来明确地象征,走向死亡。

以海潮为隐喻

很多人接受了死亡即将来临的事实,既不焦虑也不畏惧,却需要得到旁人的允许,或需要知道死亡是什么模样。也有人放不下牵挂,担心家人或朋友不能接受这个事实,或是还没准备好让他告别。

◆ 迪克的故事

55岁的迪克是个安静、亲切的男人,退休前是个邮差。他和妻子茹丝，在一栋杂草丛生的屋子里带大四个孩子。他用纯熟的技术扩建并维修着那间房子，从来没有穷过，也并不富有，日子算是愈来愈好过了。大的三个孩子已经大学毕业，也找到好工作，最小的快要毕业了。迪克和茹丝这辈子第一次可以开始存钱了。

他们的梦想是买一艘帆船，谨慎考量之后，他们买下一艘二十呎长的船，取名"轮到我们"。每个周末，迪克和茹丝会开车到海边，一待就是好几个小时，在船上的小厨房里准备晚餐，度过周末的夜晚。天气不好的时候，他们将船停靠码头，然后忙着把木制船身涂上亮光漆，使黄色更鲜艳，一边闲聊着等到天晴海静时要去哪里旅行。

这般好时光只持续了两年。迪克57岁时被诊断出胰腺癌，而且扩及肝脏和两边的肺。他和茹丝知道癌症已至末期，希望能用治疗多争取一点时间。

结果没有争取到多少时间，化疗的副作用非常严重，而且没有延缓癌细胞的增生，所以医生建议停止治疗。他的病情恶化得非常迅速，于是他被送到安宁院，成为住院病患。

今晚的潮汐如何？

茹丝每天都去看他，夜晚则回家睡觉休息。有一天，刚过午夜，我去看看迪克是否需要什么。

"那么，今晚的潮汐如何？"迪克的问题出乎我的意料。

"我不知道，"我答道，"你希望我去查吗？"

迪克微笑。"噢，不用了。那不是很重要，"他答道，"反正你下次再来时，我不会在这里了。"

我问迪克是什么意思，他只是微笑，然后望向虚空。我问他是否要告诉我什么，是不是他即将有什么改变，他报以温和的微笑。我看不到任何死亡将近的迹象，但我相信他说的话很重要，于是致电茹丝转述对话以及我的解读：迪克可能在暗示我们，他即将有所改变，就要辞世了，茹丝说她会叫儿子史考特开车载她来安宁院。

回到迪克的房间，我说我还是不清楚潮汐的状况，但是茹丝和史考特一个小时左右会到，他又微笑了。

我一直陪着他，等待他们抵达。那段空档里，对于我的问题和意见，他都是用点头和微笑来回答，很少开口。他妻子和儿子进房来时，他对他们微笑一下，然后，最后一次阖上眼睛。

接下来的一整晚，他都在睡梦中度过，妻子茹丝陪在身旁，儿子睡在隔壁房。凌晨将近五点，他呼吸停止，离开人世。

我们等待殡仪师的时候，茹丝和史考特对我说，他们很高兴能够赶过来，陪伴迪克辞世，我把所有功劳都归给迪克和他提出的简短信息。

"这像是他的作风！"茹丝说，"他总是想知道潮汐的状况，他总想事先得到预警，而且他会希望我陪着他。"

以护照为隐喻

有些家庭，基于自身的某些原因，无法明白并回应这类信息。重要的是，别去评判什么，而要敏锐地察觉他们的需求。临终者会有一些需求，在这样的状况下，责任就落在其他人身上了，例如护士、牧师或某个朋友。

◆ 乔治的故事

帅气、字正腔圆、一板一眼的乔治，在陆军仕途腾达，官拜中校。他六十多岁，退役后还兼职当起顾问。

他的第一任妻子在他 44 岁时过世了，他们没有子女。62 岁时，乔治再婚，他的新娘琼恩死过两任丈夫。他们结婚 18 个月，乔治被诊断出直肠癌。他动了手术，外表看来似乎复原得不错，但癌细胞移转到肝脏，而且无法治愈。6 个月下来，他变得非常虚弱，不得不放弃原本喜爱的阅读习惯，看了一两则头条新闻后，就必须放下报纸，无力继续。

我们帮他找到一个志工，他曾是军事人员，愿意来探望他并读报给他听。这让琼恩可以松一口气，她利用志工在的时候，与女儿出去购物、陪伴孙子。

有一天，我抵达时，她悲伤地向我打招呼。

"啊，他已经失去理智，"她说，"他根本不讲道理了。"

我问她为什么这么想。"他一直要我帮他拿报纸、护照和票。"琼恩显得不知所措，手指不停绕着手帕。

我对她说，提到旅行常是临终者表示死亡的方式，问她是否觉得乔治也如此。

"不，不会的。"琼恩说，"他的心思紊乱，一直在想这几年来经历过的所有旅行。"

我同意乔治可能在回忆以前的旅行，但我也提出意见，说他可能想暗示自己已经准备好要进行一段不同的旅程——走向死亡了，而且他可能想要坦白地谈论。琼恩完全不能接受，只反复地说他讲话不合道理，甚至不愿意与我一起进入乔治的房间。

我看出琼恩在情绪上崩溃了。她已经照顾过两位与乔治相似疾病的前夫，也埋葬了他们，现在只想一头躲进避风港。她认定他神智混淆、不知道身边的人是谁了，这样做能让她稍微跳出情绪，但也让她曾有的痛苦经验露出端倪。她同意让我去问乔治所指为何，并问他是否还需要什么。

我找不到护照

我走进房间，乔治显得很焦虑，还是一如以往地向我打招呼。

"你今天感觉如何？"我问他。

"喔，我没怎么吃饭，"乔治说，"我觉得更虚弱了，我坐着轮椅到花园逛一圈，疼痛并没有让我很难过，但是我找不到护照。你知道我的票在哪里吗？"

"听来你好像要去某个地方。"我答道。乔治点头。

"你是要去旅行吗？"

乔治又点点头，说："我找不到我的报纸。"

"你是在说一种不一样的旅行吗？"我问，"也许是说要离开这里？离开人世？"

听到我的话，乔治松了一口气。他点头，张开嘴似乎要说话，然后耸一耸肩。

"如果你指的是那段旅程，就不需要护照和票。"我说，"你是在纳闷你需要什么吗？你希望我告诉你，那会是什么状况吗？"

这次他更用力地点头，他微笑着说："对，我需要做好准备。"

我坐到他旁边，开始解说他可能经验到的事。我时时停下来，确定他是否真的想知道，我尽可能简单描述他的死亡会以什么方式来到。我说他会愈来愈虚弱，可能虚弱到无法移动，无法说话，甚至无法吞咽，此时止痛药就必须用其他方式服用了：注射、栓剂或舌下的液体，而不再有需要吞服的药片了。他的呼吸会变慢、变轻、变安静，然后终止。

"会疼吗？"他问，"我会痛苦吗？"

不会，我说。我说他会走向光亮、温暖、平静的地方，这些都不会造成痛苦或恐惧。我的话似乎让乔治的焦虑缓和下来。我问他对这趟旅程需要做什么准备吗。

"琼恩不知道护照和票的事。"他说。

"我想她知道的。"我说，"如果你要，我可以再跟她说明一次。"

他又点头了，对我微笑，然后转移话题，说他食欲改变。他继续活了十天，有时也会问他的护照和报纸在哪里，却没有苦恼。看来他是在检查是否一切就绪，确保最后一趟旅程能够一路顺风，而且琼恩也对他的告别有所准备了。

虽然琼恩很感激我们的帮助，却仍不肯与乔治谈论他的死。不过，她很放心让别人替她谈，她则透过照顾他的生理问题来表达她的爱和关怀。

就像琼恩这样，有些家人有本身的需求，使得他们无法了解或回应临终者的象征性语言。若是这样，其他人就得介入了。琼恩需要的是同理心与支持；而乔治需要的是信息。

对一个即将死亡的人，说这些话好像很奇怪甚至残忍："我想你快要死了，会是这样的状况……"多数临终者都知道自己快死了，而且不会介意你开门见山、实话实说，反而很欢迎你那样做。他们通常害怕的不是死亡或之后会如何，而是害怕临死前会发生什么。他们通常会想确认自己即将死亡的事实，并听别人描述自己的死是什么状况。对于这类临终病患，请坦然接受他们的要求吧，别像无知的人一样大惊小怪。同样的，向他保证，他的亲人也会明白他即将离去，而且准备好送他走向终点。这样才能让临终者放下沉重的情怀。

异想天开的隐喻

接下来的这家人，非但迅速理解"临死觉知"，且很高兴能有机会明白丈夫和父亲临终想传达的重要信息。

◆保罗的故事

伊莱丝说丈夫是个"天才"，从各方面看来，她并不夸张。保罗是个成功的、备受尊崇的航空飞行器专家，年纪轻轻，就被美国太空总署录用，研发出不同的太空梭。

"保罗总是同时有十几个项目要做，他可以制造或修复任何东西，他喜欢满负荷工作。"伊莱丝说。

因为前列腺癌，保罗消瘦，血压得厉害低到每次起身就会晕倒。结果是，他大部分的时间必须躺在床上或房里那张躺椅上。尽管我们试过不同的药物治疗，病情依旧无法改善。"这不是他的风格，他肯定会受不了的。"伊莱丝说。

在保罗表现出早期的困惑时，我为伊莱丝和他们的两个女儿（12岁和16岁），讲解了临死觉知的概念。我建议她们仔细倾听保罗所说的话，她们露出着迷且热烈的样子。

"这点我们很行。他这么聪明，我这辈子都在思考，他到底他妈的在说什么。"伊莱丝大笑说。

保罗非常热衷于天文，尤其是月食。而几星期之后将会发生一次月食现象，他好几次说他想要亲眼目睹。

"改善我这该死的血压吧，让我可以站起来看，这可能是我最后一次看见月食的机会了。"他说。

然而，他的血压无法改善到方便行动的程度。得知自己的期望落空后，保罗变得阴郁而孤独，好像对周遭的事不再有兴趣了。

月食后的一天，他的大女儿说："知道吗，我爸爸昨晚梦到月食现象了，虽然他没办法见到，却能说出形状和位置。我说，他说得像是坐在最前排的好位子看到的一样，他就笑了。我妹妹说，也许他就是啊！"

几天之后，伊莱丝打电话来。

"我搞不懂……他今天很奇怪,"她说,"他不肯告诉我们哪里出错了。"

把房子带走

我答应她到家里诊查。我帮他做了简单的健康检查,没有发现明显的变化,但是他的眉头深锁。他一改平日斯文的风度,显得忙碌而心有旁骛的模样,几乎有点气别人打扰了他。

"保罗,怎么了?"我问他,"有什么不对劲吗?"

"我正在想办法,把这房子和里面的东西都带走!"他说。"把房子带去哪里?"我问。"跟我一起走!"他好像被激怒地说。"把房子里的人也带走吗?"伊莱丝睁大双眼问道。"当然!"他答。"有没有什么能让我们帮忙的?"我问。"没有,这事我必须自己来!"他说,然后转身睡觉。在厨房里,我问伊莱丝和两个女孩,她们认为这事代表了什么。"我很高兴他看到了月食,因为他真的很想看。"他的小女儿说。"也许他不想离开我们和这栋房子。你知道这是他亲手盖的吗?"他的大女儿说。我们都同意这是个可能的想法。

接下来的那星期,保罗经常与家人说话,仔细说明,他想在死时带着家人和房子走的计划:他会掘开地基,封住水和瓦斯的管线,储存粮食,打造一个自给自足的取暖系统。

然后有一天,伊莱丝发现保罗陷入静默,不想说话。

"保罗,发生什么事了?"她问,"你变得好安静,有什么问题吗?"他眼眶涌出泪水。

"这一点都不实际也不可能。"他说。

"我明白。"她紧紧抱住他。

爱与关怀的回应

"我们绝对不会忘记你尽了多少的努力。"她涕泪纵横地说,"我们会齐心尽力互相照顾,还会照顾你盖的这栋美丽的房子。我们爱你,也会想念你。没有你,日子会很辛苦,但我们会没事的。"

那段对话之后,保罗不再言语,只用点头和摇头来回答,但是显得很平静。到了第二天,他陷入昏迷,几个小时之后,在床边的伊莱丝和女儿的陪伴下,他辞世了。

告别式中,伊莱丝和他的两个女儿,把这故事讲给保罗的一些老同事听。

"这不就像保罗一贯的作风吗?总是想要挑战不可能的任务。"伊莱丝咯咯笑道,"如果有谁可以把家人和房子带着走,那一定就是保罗!"

保罗以前送给家人的礼物:分享、爱和关怀,现在正帮助着他们度过这悲恸的一刻。

这一章所提到的信息,反映出表达者的个性与经验。有些信息又长又详细,而且反复诉说,有些却简短又飘忽,有些信息晦涩难解,有些却清晰明确,它们全都在讲同一件事:"我准备好要走了。"

迪克喜欢船,只问了一次潮汐的问题,准备进行他的最后一段航程。工程师保罗一头栽进了难以解决的复杂问题,想带走他的家人和房子。一丝不苟的军官乔治,提醒身边的人,他需要报纸和护照。

这些信息的核心是临终者知道自己即将辞世，也许比其他人都早知道。在那个认知之下，为了减少焦虑，临终者可能需要知道死亡的过程会如何，也可能会牵挂着他关爱的人。简单、简短、简明的信息，可以帮助他放下这些忧惧。家人保证会没事而且明白他的状况，也能让他得到他所需的安宁。这样的安慰应该由家人提供，如果不行，第三者也可以（也应该）试着去提供保证，好让他得到安宁。

7
Seven
与过往的人同在:"我并不孤单。"

临死觉知当中,最普遍出现的,似乎是遇见过世的人。发生时间有很多可能,例如,真正死亡的几个小时前、几天前或是几个星期之前。

临终者常与某个别人见不到的人互动,他会和他们说话,对他们微笑或点头。有时候遇见不止一个旁人见不到的人。

临终者通常很清楚那个人是谁,他能认出在自己人生中意义重大的人:已过世的父母、配偶、兄弟姐妹或朋友。再次见到那个人,常能带给他喜悦,甚至是快乐无比的重逢。有人见到宗教人物,诸如天使或精灵。就算他没有认出那人的身份,也不会觉得不舒服或被吓到。多数人都把这个不知名的存在视为理所当然。

与已逝亲友相遇

倾听并理解这些信息,并不需要专业背景或训练,因家人和朋友比较了解他的个性和生活经验,经常是发现隐藏信息的最佳人选。有一位从美国东北部来的朋友,告诉我们下面这个故事。

◆ 史蒂夫的故事

史蒂夫是个机灵的年轻人,深具幽默感。他出生于一个爱玩乐的波士顿大家族,排行老幺。开创事业之前,他每年夏天都会到家族位于鲤鱼岬的海滩度假屋。他在那里认识了隔壁的雷夫,成为莫逆之交,雷夫的家庭每年夏天都会从俄亥俄州过来度假。他们两个都酷爱游泳,史蒂夫的母亲称他们为"捣蛋二人组",因为他们整个夏天都在玩、胡搞瞎搞。

这两个男孩都已经大学毕业,而且有很好的事业,可悲的是,那是他们一起游泳的最后一个夏天了。他们很少有机会见到对方,除了寄圣诞卡,他们是不通信的。

一场悲惨的摩托车事故让27岁的史蒂夫从颈椎以下都瘫痪了。他住了几个月医院,康复了,又康复了一段时间后,家人决定在家照顾他。但是这持续了两个月就难以为继,因为他们被他24小时的需要弄得筋疲力尽。带着沉重的心情和令人绝望的挫败感,他们把他送进疗养院。

经过了这些事,史蒂夫并没有失去幽默感。他不管自己根本是四肢瘫痪,还一直威胁护士说如果不宠爱他,他就要逃走。

"很难不宠坏史蒂夫的,"有个护士对他母亲说,"他喜欢坐着轮椅待在走廊上,这样就可以介入所有事。他真是个调皮鬼,常让大家笑到不行。若是哪个病患不高兴或沮丧,我们就把史蒂夫推进那人的房间。而且他对新来的病患也很好,我们都称他'四轮人气王'!"

很不幸地,像史蒂夫这样四肢麻痹的人很容易罹患肺炎,他得了肺炎,而且任何治疗都无效,史蒂夫因此过世,他的家人悲恸不已,哀伤弥漫了整个疗养院。

结伴同行临终路

数周之后,有一封盖着俄亥俄州邮戳的信件寄达。寄件者是雷夫的遗孀,她写到雷夫最近死于癌症。雷夫不知道史蒂夫的瘫痪和死亡,但雷夫去世的前几个星期开始出现幻觉。起初,她认为那只是一时的意识混乱,没有多加留意,然而就在雷夫过世之前,也是史蒂夫刚过世的时候,他突然坐直身子。

"噢!看!"雷夫兴奋地说,"史蒂夫来了!他来带我去游泳了!"

这封信令史蒂夫的家人非常安慰,那表示他又恢复以前的样子,从事他喜爱的活动。

"捣蛋二人组又在搞花样了吗?"史蒂夫母亲说。雷夫的遗孀也感到很安慰,她知道亡夫的旧时玩伴真的过来接他了,他并没有孤单地死去。

有趣的是,这个故事重申了我们在另一章提过的信念:"无论我们在这辈子的身体有何限制与缺损,到了下辈子,都会是完好无恙的。"

◆ 傅莱德的故事

傅莱德和妻子安恩、独生女茹丝一家的感情非常紧密。安恩和傅莱德都已八十几岁，47 岁的茹丝和他们同住。傅莱德的前列腺癌已经扩散至骨骼和肺，即将谢世。尽管安恩年事已高，在茹丝的协助之下，依然能在家里照顾傅莱德。

傅莱德的精神还很机敏，身体却每况愈下，但他活得比意料的还久。这状况让安恩更加难过，她原以为傅莱德已经准备好要辞世，不明白他为什么没走。这状况让茹丝也很痛苦，父亲病得这么重固然让她很悲伤，她也担心自己和母亲还能照顾他多久。

有一天我问安恩是否觉得傅莱德一直苦撑在那里，是担心他走后，母女俩该怎么办。

"非常有可能是这样！"安恩说。

"你觉得和他谈谈这件事如何？"我问。

"我觉得这样做很有道理，"安恩说，"但我不知道该怎么说，你可以来帮我吗？"

安恩致电茹丝，然后我们一起走进卧房。她们坐在傅莱德的两侧，握着彼此的手和傅莱德的手。

"傅莱德，你害怕死亡吗？"安恩问。

"不会。"傅莱德答道。

"你在担心什么吗？"

"我担心我走之后，你们该怎么办。"他试着对她微笑，但眼神非常忧虑。"这样的话，别怕离开我们。"安恩说，"我会非常怀念你,但会没事的。而且你也知道,我不久之后也会随你而去的。"

另一个世界的同伴

他们三个人聊了一个多小时,谈到很多事情。他们聊到安恩和傅莱德共度的人生,从如何在海滩结识,到安恩如何改信傅莱德的犹太教,以及这些年来,他们的信仰是多么重要。他们还谈到养育茹丝的乐趣,三个人都感觉到爱。当他们温柔追忆的时候,偶尔会穿插傅莱德对安恩的实际嘱咐,要她继续过她的人生。

有时傅莱德会坐起来,激动地挥手,仿佛要赶走某个干扰。他每隔一会儿,便停止聊天,眼神穿过房间,似乎见到了我们看不到的人。有一次,他转过头,不耐烦地说:"能不能等一下?我还没准备好!"

不久,在表达了他对安恩的挂怀与嘱咐,并听到她允诺,会在他走后好好生活之后,傅莱德吻别了安恩和茹丝,躺回枕头上,静静呼吸几回,然后辞世。

傅莱德并没有明确说出"房间里还有别人",但是从他的行为看来,显然是这样。他的表现,暗示出他知道他们是谁,他既不惊讶也不害怕,只是有点不耐烦他们的催促。傅莱德的动作和对话也没有惊吓到安恩和茹丝,她们认为,他是在与某些他喜爱的人说话,她们会陪着他,走完最后的旅程。

通常,亲友并不知道临终者见到了谁,因为他们没问。有时临终者自己也不知道那是谁,但是并不为此苦恼。

◆ 玛莎的故事

玛莎约六十岁出头，子宫癌扩散到整个骨盆，即将辞世。这几年来，守寡的她都与女儿和亲人同住。

玛莎见到了旁人无法得见的人，她的经验并不戏剧化，却十分典型。她一点都不惊讶，也没有不舒服，甚至表示很高兴见到他们。

逝世的几个星期前，她对我说："你知道那个小女孩是谁吗？"

"哪个小女孩？"我问她。

"你知道啊，来看我的那个，"她说，"别人看不到的那个。"

玛莎描述了几个别人无法见到的访客，包括她的父母和姐妹，全是已经过世的人。但她不认识那个与他们同来的小女孩。不过，这并不令她苦恼。

"没关系，"她说，"我走之前，或者到那里之后，会弄清楚的。你见过他们吗？"

"没有，我没见过。"我说，"他们现在在这里吗？"

"他们不久之前离开了。"玛莎说，"他们不会久留，总是来来去去。"

"他们在这里时，是什么感觉？"我问。

"这个嘛，我们有时候会交谈，但我通常只是知道他们在这里。"玛莎说，"我知道他们爱我，也知道若时候到了，他们会来陪我的。""什么时候到了？""我死的时候。"玛莎郑重其事地说。

多数案例中，他们见到的是已经过世的亲友，也有人看见天使、上帝或其他宗教人物。有人说他见到了天王的脸，还有人说"有个天使站在我的床边"。他们都没有表示因为看到这些宗教上的灵而不舒服，他们通常平静地谈论这件事，似乎能从这些隐形访客的来访得到宽慰与安宁。

我们想知道：声称自己见到灵异或宗教人物的人，是否因为信仰而期待那些灵魂来访呢，尤其是相信死后有来生的人。我们担心我们把自己的信仰和期待，投射到这些情况之中。基于这些考量，我们对接下来的案例，特别感兴趣。

◆ 安琪拉的故事

安琪拉是个讨人喜欢的音乐家，因为黑色素瘤，将以25岁的年纪步入死亡。当她住进安宁院区时，她的父母、三个弟弟以及几个好友，好像和她一起搬进来了。夜晚，她的父母轮流睡在房里，白天则会有一小群人聚在那里。

那个黑色素瘤起初只是手上的一颗痣，后来逐渐变大。威胁她健康的症状，都是因为那颗瘤影响了她的大脑。她的左半边身体因此麻痹，并且失明，身体虚弱到无法下床。安琪拉还可以说话，而且绝不服输。她住进安宁院区的那天，就斩钉截铁地说："我知道你们安宁院这些人，我不要任何宗教性的东西，不要祈祷，不要医院牧师。不要给我来这套！我是个无神论者，我不相信上帝或天堂。"

安宁院员工尊重安琪拉的选择,她母亲却很难做到。身为一名虔诚的天主教徒,她无法接受女儿排拒她从小信奉的上帝和真理。

"其他孩子都信奉上帝,也上教堂,"她母亲说,"我们不知道安琪拉是怎么了!我们用同样的方式养育他们,只有安琪拉不信教。"

天使现身

某个漆黑寒冷的二月清晨,我去回应安琪拉的呼叫铃。我开门进去时,她母亲从小床上转过身来。"嗨,安琪拉,我能为你做什么吗?"我说。她问我:"有人进来看我吗?""没有,我没有见到任何人。天都还没亮哩,没有人在这里。"我说,"为什么这样问?"

"我看见天使。"

我坐到床上。

"告诉我怎么回事。"我说。

"我醒来的时候,有个天使坐在从窗户透进的光里。"安琪拉的脸上露出笑容,她觉得被那散发出温暖、爱和关怀的东西深深吸引。

她母亲跳下小床,说:"安琪拉,那是上帝的神迹!"

"妈,我不信上帝。"安琪拉说,现在生气了。

"没关系,"她母亲说,"你见到上帝了,至少是上帝派来的使者。"

"那是谁有什么关系?"安琪拉气冲冲地顶撞她,"我知道有个那么爱我、关怀我的人在等我,不就够了吗?"

"安琪拉,你觉得这代表了什么?"我问她。

"我不相信天使或上帝,但有人在这里陪我。不管他是谁,都是爱我的,正等着我,那表示我不会一个人死去。"她的笑容又回到脸上了。她母亲双眼含泪,双手抱紧女儿。

"宝贝,他是谁都无所谓,"她说,"我只是非常高兴出现了这样的事!"

后来在门外,安琪拉母亲说:"我知道那一定是上帝或者天使,她却坚持不是……你现在知道她有多固执了吧?最重要的是,他出现了,我们要说那人是谁都没关系!"她明白女儿知道有一位关爱的人在等待她,因而减轻了对于死后会寂寞的恐惧感。

临终者,或许不会因为遇见别人无法看见的人而不舒服,但这些人的来访却会造成亲友或某些医护人员的不安。有人这样对他的临终老爸说:"听好,你知道妈妈已经去世好几年了,你不可能看到她的!"或者说:"你一定是在做梦,可能是药物的影响。"

这类评论并没有帮助,相反地,会阻止临终者向你倾吐更多自己的感知经验,导致他陷入更深的迷惘。

当临终者表示他见到旁人看不见的东西时,常被错误地解读为药物作用产生的幻觉。这可能使出于好意的照护者提出换药建议，而这样的建议也许存在潜在的危险。

◆ 皮特的故事

皮特被纳入安宁疗护体系之前，主要症状是疼痛，一种非常剧烈、残忍无情的痛，他对于自己能够坚强忍痛而自豪。

"我是不相信药丸的。"他曾经这么说。

他的一贯态度是拒吃止痛药，痛到实在无法忍受才会服用一颗，但是无效，因为当下的疼痛已经太强烈。于是他只好再多吃一颗，甚至吃下三四颗才能缓解疼痛。累积的剂量会使他想睡、失去判断力，他因而更加讨厌药物。

皮特成为接受我们照护的一员之后，我们要他按照规矩服药：小剂量，四个小时一次。如此便控制住皮特的疼痛，让他享受了六个月的舒服日子。

当皮特对他妹妹说，他和哥哥约翰说话了，他妹妹开始担心，因为约翰已经逝世十年了。当时在场的一个邻居说，皮特是因为药物而产生幻觉，劝他停止服药。他妹妹告诉我这件事，于是我前往评估皮特的情况，解释那药物不会产生幻觉。我的想法是，皮特真的见到了约翰，他妹妹立刻赞同我这个想法。

"约翰是我们当中年纪最大的，他会想要照看一下弟弟。"她表示这个想法让她很安慰，知道皮特走时会有另一个家人陪伴，而且之后也会继续看顾着他。

至于那位邻居的建议，很可能让皮特失去该有的疼痛控制而备受煎熬。

有时亲人会封锁消息，不让临终者得知他认识的某个人已经死亡。这种避免他心情不好的做法，值得嘉赏。然而，实情通常能带来安适，不会增加痛苦。

◆ 苏的故事

苏是一位高雅的中国女士，当时的她，受到女儿莉莉无微不至的照护，母女俩是佛教徒，对于苏的不治重症都能安然接受。

"我活了九十三年的好日子，"她说，"我在这个尘世已经活得够久了！"她常常梦到逝世多年的亡夫。"我很快就会去陪他的。"她说。有一天，她显得很困惑。"为什么我的妹妹和我丈夫在一起呢，"她问，"他们一起在呼唤我过去。""你妹妹已经过世了吗？"我问。"没有，她还住在中国，"她说，"我好些年没有见到她了。"当我把这段对话转告她女儿，她流下泪来。"我阿姨两天前在中国去世了，"莉莉说，"我们不想让母亲知道这件事，因为她妹妹也是同样的癌症。她死得非常痛苦，她住在很偏远的村庄，没有好的医疗。我们不想让母亲难过，也不希望吓着她，她已经病得这么重了。"

"那么，对于你母亲的疑问，为何你阿姨和父亲都在召唤她，你有什么想法呢？"我问莉莉。

"我母亲跟我提过，过去一个星期以来，父亲都在召唤她去做伴。"莉莉沉思一阵后，说道，"想到他们会在另一个世界重逢，就让我安心，我想她妹妹也会在那边等她吧。"

"那么，你认为阿姨的死讯会让你母亲很难过吗？"

"不，我想不会吧，他们深爱对方的。如果他们三个能再次团聚，应该会很美好。我想我应该把事实告诉她。"

莉莉流着泪把阿姨的疾病和死讯告诉母亲之后，苏恍然大悟地说："现在我明白了。"她豁然开朗，三个星期后，带着自己的预感安宁地辞世。

很显然，这些凡人不见的存在，能为临终者带来陪伴与支持。也有一些末期病患是在死亡的好几个月之前体验到这些意识，他们同样得到了类似的陪伴与支持，只是经过比较长的时间。

◆ 佩姬的故事

年轻的佩姬因为淋巴瘤恶化而即将辞世，她变得非常虚弱，多数时间都在睡觉，有时还有点意识恍惚。

我们的同事定期探访时，佩姬用宏亮清楚的声音喊她。

"上来吧，我在楼上！"她看起来很快乐，神采奕奕，表现得很活泼，一反常态。

"你好吗？"护士说，"你今天看起来特别漂亮。"

"告诉你一件发生在我身上的事，"佩姬说，"我昨天躺在床上，半梦半醒，回想儿时的欢乐时光。在我父母有经济危机的时候，姑妈把我和弟弟带回去养。我真的很喜欢姑妈，她对我和弟弟都很慈爱，这是一段非常快乐的童年，我到现在还非常爱她。我醒来的时候，先是感觉到肩膀上有个温热、关怀的手，于是我回头看,原来是姑妈正微笑摸着我的肩膀。这让我觉得很舒服、很安全。"

"你的姑妈在哪里?"护士问道。

"她住在马萨诸塞州,"佩姬说,"我很久没有看到她,因为她病了。但是我一整天都可以感觉到她来到我身边,有时在,有时不在。那感觉真是舒服!昨天晚上姑夫打电话来说她昨天逝世了——那是我第一次感知到她在身旁的时候!然后今天,我醒来的时候,她又摸着我了!"

"好棒的经验,"护士说,"我可以看出那让你多么舒服。你觉得它代表了什么呢?"

"我死的时候,她会在那里等我,"佩姬带着灿烂的笑容回答,"我们又可以团聚了。"

佩姬认出而且清楚说出那是她的姑妈。有时候,这类的沟通可能会比较模糊。

◆ 雷欧娜的故事

雷欧娜的意识半清醒,雷伊心烦意乱。

"真是没天理!"他说,"她总是想要帮助别人,但看看现在,她连自己都帮不了。她等我们的儿子查克拿药要等半天,因为他弄不清药名。而我们的女儿乔贝丝死时,简直让她心碎了。"

我问起乔贝丝的事,雷伊说她是他们生命中的光:聪明、人见人爱,而且当她帮助别人的时候,简直就跟她母亲一模一样。

"当她就读高中的时候,有个听障家庭搬进我们这条街区。那家人有点冷漠,但是雷欧娜和乔贝丝为了要跟新邻居说话而去上了一期手语课。她们两个习惯随时随地练习学到的手语,还催我和查克去学,可是我和查克只学到几个比较简单的。"雷伊一边说,一边用左手打出一个手势,"这样表示'我爱你'。乔贝丝常笑说,如果我们不学,就不能对她和妈妈抱怨不懂她们的'秘密语言'了。"

雷伊继续说乔贝丝的死因。她到邻州去上大一的时候,得了盲肠炎,送医急诊时,她对麻醉有不良反应,心跳停止。尽管她被救醒了,但是已因缺氧损及大脑,再度陷入昏迷,而这也是雷欧娜目前正在奋力抵抗的状况。

"好几个星期,我们祈祷着乔贝丝能够苏醒,而且康复,"雷伊说,"最后她终于醒了,但是无法说话,也无法自己做任何事,而且似乎不认识我们。这使她母亲几乎不想活了,而她哥哥也一直说,这事应该发生在他身上的,整个家好像要崩溃了。"

"后来我们把乔贝丝送到疗养院,她继续活了18个月,一直没有好转。雷欧娜每天都去看她,坐在那里和乔贝丝说话,好像她还能听得见。在她死后,雷欧娜接触到一个团体,说是专门帮助像我们一样的家庭,希望让我们从伤恸中得到一些较正面的东西。"

几个星期之后,雷欧娜在安适宁静的状态中接近死亡关头了。查克从西岸飞过来,他们坐在雷欧娜的身边,和她说话,就像她几年前对乔贝丝所做的。

就在她辞世的那一刻,雷欧娜似乎醒了。她睁开眼睛,看着雷伊和查克的后方，灿烂地微笑着，她移动了她的手，然后闭上眼睛辞世。"爸，看她右手做了什么！"查克说，"她用手语说'我爱你'，就像她时常对乔贝丝做的那样。"

那位父亲拥抱儿子，说："她们重逢了。"

对于那些感应到已逝故人的人，若你预先知道有这种情况发生，届时就能做出最好的回应。这些沟通，通常难了解，有人会明确说出"我父亲刚刚来过"，或是"有某个温暖又贴心的人在等着我"。若你接受这样的表示，就能进一步试着了解他想告诉你什么，而不是寻求其他解释，诸如受到药物影响、产生幻觉、失去智力功能等等。

别去争辩什么是事实。你可以只说实话，却不必去说服某人，说他见到的不是事实。假如临终者问你："你知道约翰在哪里吗？他刚刚还在这里的。"你回答："记得吗，约翰十年前就过世了。"这样就是如实回答，同时让谈话进行到下一个阶段。若你为了"讨好"他而说："是啊，亲爱的，当然啰，他现在在隔壁房间。"这就会让谬误更加恶化。不过，你若直接反驳，说约翰不可能存在："你不可能见到约翰的，他已经过世十年了。"这样会让临终者更加迷惘，甚至停止与你沟通。无论你知道的事实为何，他的确见到约翰了。请不要不相信他。他会纳闷为什么你想反驳他。

封锁某人的死讯也会导致反效果，尽管这样做出于仁慈的好意，但是，事实通常能带来安宁，而非痛苦。

若你无法明白临终者的意思为何，不妨温柔地问他：若他想说且能够说,也许会让你清楚些。

当某人见到你看不到的人时,请记得,死亡之路不是独行的。很多人会害怕自己或至亲会孤独离去,然而这些故事却告诉我们:他们没有独行,而且我们以后也不会。在我们之前过世的人或宗教人物,会陪伴我们走过最后一段旅程。

8 Eight
预见终点:"我知道将归向何处。"

许多临终者都说,他们看见旁人无法看见的地方。他们的描述相当简短,通常只有一两句话,即使不明确,但总说那里光辉夺目、美丽动人。若你要求临终者多说一些,他们就会摇头,似真似梦地说:"我做不到。"

落叶归根处

尽管是惊鸿一瞥,似乎也能为临终者带来宁静、舒适和安全的感觉,而愿意倾听、了解的人就同样分享了这份安适。

◆ 巴比的故事

32岁的巴比待在家里,由哥哥比尔照顾。他已经有失禁问题,皮肤也因黄疸而变黄。巴比的体重下降,强壮的身体变得瘦骨嶙峋。比尔和妹妹玛莉会做帮巴比在床上擦澡、刷牙、按摩背部等让他舒服的事。

巴比无法吞咽，于是我们教比尔和玛莉帮他注射止痛剂，并且用湿棉花帮他清洁口腔，让嘴巴保持潮湿。

巴比难以说话。临终者可以虚弱到即便只是气如游丝地说话，也需要耗费很大的气力。

有一天，比尔认为他弟弟可能正在疼痛却无法表达，于是打电话来安宁院。

当我抵达时，巴比显得不舒服而且焦虑。我检查血压、脉搏、呼吸和肺部功能之后，还需要问一些问题，由于他无法说话，我试着从其他方式获得答案。

"巴比，我想问你一些问题，"我说，"如果你想答'是'，请你眨一下眼睛，如果想答'否'，请眨两下眼睛，这样明白吗？"

巴比眨一下眼睛。

"你会疼痛吗？"

"不会。"他眨眼回答。

"你看起来很焦虑，是不是？"

"是。"

"你害怕吗？"

"是。"

"要不要我对你说明，你身体会发生什么状况？"

"要。"

尽管只能眨眼表示，他的情绪似乎开始平静下来。我用缓慢的速度说话，并且时时暂停，以确定这是他想知道的事。我对巴比说,他好像愈来愈虚弱了,而且很快就会变得更虚弱,甚至无法睁开眼,也无法与我们作任何方式的沟通,不过他还能听见周遭的声音。

"你的呼吸会变得更安静缓慢……"我说。"……然后你就会静静地回家,到耶稣那边了。"比尔插入我们的对话。

巴比看看他的哥哥,再看看我,眼中露出询问的神情,我对他点头表示同意,他笑了。我补充说,他的死会是很安静、轻松、祥和的,而且不会有疼痛。巴比又笑了,闭上眼靠回枕头上,放松下来。

路上的那道亮光

从那时开始,他都静静休息,比尔和玛莉在一旁陪着他,轻声说话。他偶尔会睁开眼睛,对他们笑。

巴比虚弱到无法说话,比尔和玛莉以为他的焦虑是疼痛所致。他的确感到痛苦——情绪上的痛苦,然而解决方法不是药物,而是提供他要的信息,向他保证会发生什么状况。我的解释,加上兄妹的关爱和陪伴,大幅减轻了巴比的焦虑。

巴比这时应该注射止痛药了,我说我会帮他打。我走出房间,带着一剂药回来。

"可以让我重摆一下枕头,帮你打一针止痛剂吗?"

巴比眨一下眼睛。

我把手搭到他肩膀上时,他的呼吸改变,停住了几秒钟,然后又开始。

"他的呼吸正在改变,"我对比尔和玛莉说,"我想他快要走了。"

比尔把其他房间里的家人都叫进来，围在床边。巴比的呼吸再次改变，好几次慢下来，停止数秒钟，然后又开始。

玛莉紧靠在巴比身上，求他不要离开。比尔摸着巴比的脸颊，说道："巴比，你就回家去吧，回耶稣那里。"床边的人一个一个过来，对巴比说他们爱他，而且会想念他。

终于，吐出最后一口长长的叹息之后，他离开了。我们坐在那里，握住巴比的手和彼此的手，比尔说我出去拿药的时候，巴比这三天来第一次清楚地说话了。

"他告诉我们'我可以看到路上的那道亮光，它好美'。"比尔说。

瞥见那另一个地方，常能带给很多人无限的安慰，他们视其为临终者送给他们的最后礼物。

"我从来都不是个虔信宗教的人，但是陪伴临终的巴比是一次灵性上的体验，"他妹妹后来说道，"我再也不是原来那个人了。"

丧礼上，比尔也同意玛莉的话。"巴比死得如此安详，让我不用害怕死亡了。"他说，"他让我预见他走向的地方，而我但愿也是走向那里。"

如何解读所谓另一个地方，需视那人相信的死后世界而定。多数人认为"见到另一个地方"是一种象征。解读也会因各人信仰不同而不同。

从小在基督教信仰中长大的巴比，并没有要求见任何一位神职人员，他死后，比尔请一位牧师过来，他到的时候，巴比还在卧室床上。比尔和玛莉向牧师说明巴比如何过世、说了什么话。

"你们认为他说的话是什么意思?"牧师问道。

"他想必是见到天堂了。"比尔说。

"我们的基督教信仰,奠基于耶稣的受难、死亡和复活。"牧师说,"你们已经见证了兄弟的受难和死亡,而他让你们瞥见了他的重生。"

然后,大家手牵手围绕着巴比,牧师要大家为巴比祈祷,愿他得到永恒的安宁,愿爱他的人得到力量与安慰。

巴比在这种时刻提到另一个地方,这情形并不少见,那通常是临终者的最后遗言,而且被视为死神近在咫尺的征兆。不过有些临终者见到这个地方,是在死亡的几天、几个星期,甚至是几个月之前,而且有人对那意象的解读,也和巴比的家人不同。

◆ 琳恩的故事

琳恩是个经济学家,当我问她有没有加入宗教团体,她说:"我没有宗教信仰,我从来不相信上帝或那一类的东西,我就是没兴趣。"

逝世的七个星期之前,她对我说:"我做了个梦,但也不是真的梦啦,我到了一个非常迷人的地方。"

她不想也无法进一步描述它,只说见到了自己要归向何处。

美丽的远方

"我知道那不是梦,那地方真是美丽动人。"她不只一次这么说道，然后她会摇头、微笑，再耸耸肩。她似乎从这景象得到了安慰，露出如痴如醉、眼神朦胧的浅笑。

"你好像到了一个很遥远的地方。"我说。

"不算很远，"琳恩说，"那里真是美丽。"

琳恩的女儿珊卓拉问这是否因为她母亲服用太多药。我们对她保证，这并不是因为药；琳恩的药很少，而且都是小剂量。我们鼓励珊卓拉与她母亲谈一谈，谈她那个不是真的梦的梦。

"她知道自己快要死了，但是她现在似乎认为，自己死后还会以某种形式存在，"珊卓拉说，"母亲以前总是怀抱一种想法，认为人死了就不存在，而现在的她看到一个新境界。她说人死后会去一个地方，我怀疑真有那个地方，但开始想她说的话是否属实了。"

琳恩安详辞世，几个月之后，珊卓拉说，当她发现母亲对于来世的观念改变，她有点心烦。然而，那个经验也让她得到了解放。

"我依然不相信那些宗教故事，但我也不再认为自己死后就是完全结束了，"珊卓拉说，"这次我从母亲那里学到的是，我们死后，确实能继续存在，我还必须去弄清楚，那是个什么样的存在。"想到母亲仍然以某种形式存在，而且她们可能还会重逢，这让珊卓拉感到十分安慰。

珊卓拉对于母亲见到另一个世界的解读和巴比的家人不同，这只是细节上的不同，核心重点是相似的：死亡之后，还是能继续存在。

当人们像巴比和琳恩一样,在他们产生临死觉知而见到另一个境地时,他们并不是灵魂脱离肉身,而是灵魂停留在躯壳里,却同时意识到两种存在。若是灵魂出窍,人们会脱离肉身去别处,并回头或往下看见自己的身体,他们可能会说出一些若非出窍就不可能看见或听见的事。

◆ 露西的故事

破晓时分,有个病患的女儿来电。

"母亲说她的灵魂出窍去了其他地方,现在回来了,想要告诉我这件事。"艾莉绷紧嗓子、呼吸困难地说道,"可不可以请你过来一下?"

"她现在情形如何?"我问。

"她说她没事。"艾莉说。

"你看出什么异常的情况吗?"

"没有,她和平常一样,除了灵魂出窍这件事。"

"离开身体,让她觉得不舒服吗?"

"没有,她没事,看起来很自在,还要我给她一杯咖啡呢。"

我请艾莉先去倒咖啡,我会马上过去。

回到旧时农场

当我抵达时,艾莉显得心慌意乱,而她母亲却很平静。

"你好吗?"我问露西。

"我刚刚才跟艾莉说,我暂时丢下这个臭皮囊离开这里了。"

露西说。

"你去了哪里?"我问。

"我回到宾州,去我旧时长大的那个农场,"她说,"厨房看起来一如往常,那片从前有牛的草原,景色依然清新碧绿。"

露西长篇大论地描述那间老农舍,她在那里住到快要二十岁,后来还一直回去看老家,直到拥有农舍的舅舅去世为止。农舍卖掉之后,她再也没回去过,她说自己被时空移转,回到了深爱的地方。

"你觉得这表示什么呢?"我问露西。"噢,我也不知道,我猜应该是,我想再看它一次吧。"

露西描述灵魂出窍的经验时,把一些细节说得很清楚。相反地,当人们描述他们在临死觉知中见到的另一个世界时,通常既简短又模糊,有时只有提到亮光。

◆ 埃玛的故事

五十岁的艾玛有个丈夫,和两个二十岁的孩子。当我问艾玛最怀念什么事,疾病缠身而行动不便的她回答:"娱乐,我喜欢办派对,为我的家人和朋友,准备美味的餐点。"

她的丈夫说,现在很多朋友会带美食过来,希望能唤回艾玛逐渐消失的食欲。就是那种与人分享创意厨艺的喜悦。

她的女儿即将大学毕业,艾玛时常说,她很期待看到女儿穿学士服、戴学士帽。"她会是我的家庭中,第一个大学毕业的人!"她骄傲地说。

艾玛的病况益发严重,卧病在床的时间愈来愈多。她过世的一个月前,我去探望她,发现她用枕头撑起身体,望向空中,眼神半梦半醒,平静地微笑着。

"艾玛,怎么了?"我问。

"有一道美丽的光。"她轻声回答。

无论我多么温柔地追问,她还是如痴如醉地微笑着,没有提供更深入的信息。尔后几次探访,她又提了两三次那道光,尽管没有详细叙述,然而她显得容光焕发,而且平静。

她是个意志坚强的女人,尽管病况加重并且日渐丧失控制自身的能力,她依然奋力振作,纵使偶尔意识恍惚,还是坚持要管理自己的药。她的家人和护士们都很担心她的安全,觉得这样做有危险,但她就是不愿意交出自主权。艾玛宁愿不要雇请私人的居家看护,选择住进安宁院。她住进来不久,我就去探视她。

"噢,多希望能够放松!"她抱怨道。

"放松了会怎样?"我问。

"那道光就会更靠近,我就能认识这些人了。"一时之间,我以为她指的是她的室友或是院内的员工。

基于不确定,我问她:"哪些人?"

"当然是我床边的这些人啊!"她挥开手臂,表示那些我看不到的人有多大一群。

"你会放松的,"我向她保证,"这里是个安全的地方,能让你放松,去认识周围的每一个人。那道美丽亮光会渐渐接近,一切都会变好的。"

负责照顾艾玛的护士说,艾玛觉得舒服自在,但身体日渐恶化,而且总是显得很忙,俨然全神贯注在指挥或督促着某些我们看不到的人。

美丽的光不断靠近

她女儿毕业那天的傍晚,我再次探访,问她:"艾玛,觉得如何?"

"啊,这些人让我好忙,但是那道光还是一直靠近!"她有点愠怒地回答。

"这些人当中,有你认识的人吗?"我问她。

"喔,有我的父亲。"她瞇着眼,像是想看清楚一点。我知道她父亲逝世不到一年,微笑点头。

"他在等你吗?"我问。

她大吃一惊。"我的老天爷,这就是他的用意吗?"她问。

"艾玛,你的工作何时才能完成?"我愈来愈好奇了。

"噢,我想大概星期天吧。"她答道。我立刻致电她的家人,提醒他们。

隔天,艾玛戴上她的假发并且化了妆,躺回枕头上,满意地叹口气,数小时之内,她从睡梦状态进入昏迷。她的家人静静地坐在周围。她安详地辞世。一如她所料,那天是周日,而且她的工作已经完成。

我们不知道艾玛见到的光是什么,其他人也说过"一个明亮温暖的地方"或"一个全身散发光芒的人"。这些描述都很模糊,但这些经验带来的感觉却非常清楚:安适与宁静。

瞥见另一个世界

这些描述很模糊是因为说的人觉得是在描述无法形容的东西。有一位曾有过濒死经验的同事说:"我可以告诉你发生了什么事,但我无法解释那是什么样子;语言文字就是不能够恰如其分地描述它。"她又说了另一个案例,她同意那位病患所做的无法深入描述它的解释。

◆ 克莱儿的故事

23岁的克莱儿刚开始小学的教书工作就出现头痛症状,忙于适应新工作的她并没在意。整个冬天,她着凉了好几次,这种情形对新教师来说很平常,但是她的风寒似乎特别难以治愈。到了12月,她又患上流行性感冒。

寒假的时候,她母亲要她去看医生。医生诊断她得了急性白血病(俗称血癌),可能活不过几个星期。

那位医生所说的预后并不正确,她接受一种实验性治疗,病情转入缓解期。克莱儿不得不辞掉教职,但她找到另一个可以接触小孩的工作。她在频繁住院的这段时间,到儿童诊所去当义务的辅导老师。

5年下来,她剩下的时日不多了,克莱儿搬回家与父母同住,并交付安宁疗护。

克莱儿偶尔弹奏的钢琴上摆了许多从前的照片。那时的她年轻又健康,满头浓密的红发,有沙滩上的她、骑单车的她、玩垒球的她,而现在的她只剩下头顶上的几撮头发,身材瘦弱,双颊鼓胀。

她白天坐在轮椅或客厅的那张沙发上。她母亲也是位教师,请了长假,在家照顾克莱儿。她是个好护士,对于克莱儿所说的"云霄飞车"般的心情,也能做出有益的回应。

许多罹患重症的人都知道克莱儿所说的云霄飞车是什么意思。在"高潮期"时,病患接受的疗法似乎都能治愈或缓解症状,而且立时见效,此时期的病患会觉得欣喜、兴奋,有种预见成果的感觉。

"当某一项疗程没有奏效,或是副作用多到让我觉得比癌症还可怕,这时就是我的'低潮期'了。"克莱儿说,"这时我感觉就像疾冲下坡,无法刹车,很像小时候坐云霄飞车的感觉,往上爬升的时候,很兴奋也很害怕,因为知道待会儿下坡会有多长。而往下冲的那一段,混合了恐惧和恶心的感觉,等待着即将发生的撞击。"

克莱儿的哥哥山姆是她的精神支柱,比她大三岁,精力充沛且机智。有一天克莱儿拿着一本瑞恩(Kenneth Ring)的《迈向重点》(*Heading Toward Omega*)给我看,那本书探讨濒死经验对于价值观和行为造成的影响。

"山姆给我这本书,"她说,"要我读一读它,但又觉得好像有点奇怪,他建议我问你的想法。这本书值得读吗?"

我读过而且很喜欢这本书。我说那本书非常棒,她若读了,可能会得到助益；我说我很乐意与她讨论读书心得。

濒死经验的分享

再次探访时，克莱儿说她已经读完那本书，但有一些问题：那些故事是真实的，还是瞎编的？会不会是吃错药后的幻觉，不管是合法的或不合法的药？

"瑞恩等人做过数百个案例的调查统计，"我说，"他的书里头没有回答你这些问题吗？"

"有，"克莱儿咧嘴笑说，"我只是想知道你怎么想，我就快相信他了，只是还有点怀疑，我从来没有遇过谁有那样的经验，你有吗？"

"有，"我说，"有过一次。"

"噢，天哪！"她惊呼，"你发生什么事了？"

"那是我十几岁的时候，差一点溺死。"我说，"我去海边玩，被海浪卷走。他们把我拖出来的时候，以为我已经死了，但是有个人救醒了我。"

"而你那时就体会到某一种经验了？"克莱儿问，"愿不愿意说给我听？"

"我游泳抽筋了，一开始，我以为自己可以暂时漂流，让抽筋消失，但浪潮比我想像的更强。"我说，"于是我大声呼救，但没有人听见。一阵大浪把我卷进去，我吓慌了。我在浪中忽上忽下，被海浪裹挟着离陆地越来越远。那感觉真可怕，我不停地呛水，肺仿佛要爆炸。我根本无法浮到水面上，一张开嘴，就会喝进更多的水，我知道自己这下子完蛋了。"

"突然之间，难以言喻地快，所有事情都变了。我的惊慌消失，不用再挣扎着要呼吸，我完全放松下来，感到平静，沐浴在温暖明亮的光里。那光把我包裹住，我也似乎融入其中了。我没有看见什么，但是我感觉到上帝的存在。我知道我就要死了，而我也乐意接受。"

我停下来，我的眼睛湿润了，克莱儿握住我的手。

"谈这个会让你难过吗？"她问。

"不会，不是难过。"我说，"往事历历在目，我好像又回到现场，那经验真是震撼我心……"

我擦干眼泪，谢谢她递给我卫生纸。

"我从来没有替你擦过眼泪，"她说，"通常都是你帮我。多谢你与我分享这个故事，请你告诉我，它代表什么意义呢？"

"当我停止呼吸的瞬间，似乎起了变化，我在死亡临界点上即将从这一世进入隔世。而那光就是上帝，我感到平安与被爱。"

"那是不是也会发生在我身上？"克莱儿问。

我对她说，她的经验应该也会类似，但不会完全相同。我想她的经验会比较和缓、比较长，她可能在一段较长的时间内同时意识到自己存在于两个地方。

不能说的秘密

两个月之后，克莱儿过世了，最后一个星期，她气力尽失，经常露出眼神看穿人群的模样。山姆问我有没有觉得她可能见到了某事或某人。他曾经问过，她没有回答，只是淡淡一笑。

"克莱儿，你见到什么了？"我问。

"就是那个地方,你们都在那里。"她说。

"克莱儿,那地方是什么样子?"山姆用手摸着她的脸颊,"你一定要告诉我。"

克莱儿避开她哥哥的手,露出微笑。

"我不能说,"她说,"你们都必须等待自己的时间来临。"

克莱儿对山姆的回答或许适用于每一个人:未到真正的死亡之日,我们都不知道的。而在那之前,我们却可以倾听那些能预见的人,得知他们想传达的讯息,并从中得到安慰。

死后存续的世界

关于另一个世界的讯息,有时候很容易被忽略,或者难以解读。他们经常提到另一个地方,或者即使已经待在家里,还表示他们想要回家。遇上那种情况,你可以问:"哪一个家?"若有人似乎在暗示他的死亡将近,则问:"你是在说,你就要去另一个地方了吗?"或是"你是说,你准备好要离开了吗?"对某些人,甚至可以直接问:"你是说你快要死了吗?"

当临终者提到另一个地方时,温柔地问他们,是否愿意与你谈一谈那个地方。也许你未必能听到更多信息,却能从中探得一些情况。临终者让我们知道,死后也许还有某一种存续。他们漂流于两个世界之间,而我们则确定了那个地方的存在以及它的美丽与安宁。

9 Nine
预知死亡时间点:"那会是当我……"

临终者似乎能预知自己的死亡时间,甚至准确到某日和某时。令人诧异的是,这种预知并不让他们恐慌,反而能平静地告别。当他们企图透露这个信息时,所采取的沟通方式可能既清楚又直接,也可能非常模糊、深奥难解,而后者容易让别人忽略、忽视它们,甚至以为那些信息是"意识混乱"造成的。

◆ 道格的故事

道格二十七八岁,是个天生的运动健将,在一个全家都是运动迷的家庭长大。他在高中和大学时期都踢美式足球,回家乡之后,到高中母校当美式足球的助理教练。

当上教练两年多之后,他脖子上有个很大的淋巴结,被诊断为淋巴癌。他坚强地挺过了6个月的化疗,工作上几乎没有请假,但是癌症却复发了,并且扩散到他身上的很多部位,所有的治疗都无计可施了。

由于无法照顾自己，道格只好搬回家与父母同住。他被转到当地的安宁院，我们设法控制他的各种症状。他非常虚弱，但是心情很好，看起来好像能再多活几个月。

道格的其他三个兄妹就住在附近，经常来探视。他主要由父母照顾，然而当他的小妹珍也被诊断出癌症之后，形势变得严峻了。珍的治愈机会很大，家人决定不要把珍的病情告诉道格，以免他担心。

某个周六傍晚，道格父亲打电话来安宁院，说道："好像有些不对劲了。"

我们这些照顾临终病患的人，若是听到那句话，就知道要密切注意了。有时候病患或家属感觉某事不对劲，却无法说得很清楚，往往后来会发现微妙却又重大的异常，有时候是那个病患真的快要死了。

我抵达后，与道格谈过，又检查了他的身体，却没有发现任何异常。道格和他的父母也无法说明到底"哪儿不对劲"，只说有些什么不对劲了。我还是致电他的医生，她告诉道格，她可以到家里来看诊，也可以请道格到医院去找她，或者也可以等一段时间，看看有何变化。道格选择了最后一个选项。他和他的父母都觉得可以放心去睡觉了，若有需要，随时打电话给我。

潜藏于草图的秘密

道格想睡了，他父母对他说晚安之后，倒给我一杯茶，我们坐到厨房去，我问，道格何时会见到他的兄妹。

"他们明天下午都会过来，和我们一起吃饭并看足球赛。"

他母亲说,"这个家真是足球狂!你看看道格今天做了什么事。"

她拿一张纸给我看,是道格画的足球赛草图,图上的圆圈和箭头,标出两个球队,每一个球员该走的方向。

其中有一队的球员,每个都标上字母,是他的、他兄妹的、他父母的名字的第一个字母。代表珍的那个小圆圈一直冲到球场边缘,在线内停住。而代表道格的那个小圆圈,却是冲出了底线,跑到球场外了,他在旁边写了一行字:"星期日中午出局。"

我仔细研究了那个草图。

"这可能听起来很怪,但是从图看来,我们好像要注意某事了。"我说,"他似乎在说,明天中午以前,会发生某件严重的事。"

"你说'某件严重的事'是指什么?"他母亲问道。

"我真的不知道,"我说,"可能指他的状况会起变化,甚至即将死亡。"

道格的父母一开始只是怀疑,现在变成很关切了。

"何不请道格解释这张图呢?"我问,"他会解释得比我好。"

"我不想吵醒他,"他母亲说,"我们都明白道格已准备赴死了,如果那是他想表示的,我想我们也准备好了。如果情况有变,我们再通知你。明天我会联络其他孩子,要他们早一点来。"

以共同的符号传达

隔天早上,道格一切正常,只是比平常沉默。每个家人都来陪伴道格一小段时间。接近中午时分,道格躺在床上和母亲说话,他突然变得很不安,他说他不舒服,然后坐起身来,要母亲帮他重摆枕头。他似乎有些呼吸困难，他躺了回去，阖上眼，便辞世而去。

我到那里确认死亡时，他母亲说："他看起来很安详吧？他知道会这样的，对不对？"

道格的死，并非直接由癌症所致，他的医生对这个突发状况感到奇怪，她请求验尸，发现有个致命血块移转到肺部，那是道格始料未及的。

"当你临近死亡的时候，你会比别人更了解它，"他父亲说，"我很高兴他用那张图通知了我们。"

道格画的图有什么重大意义吗？他是否预知自己死亡的时间，而想用家人熟悉的语言通知他们呢？尽管家人没说，他是否也明白珍的病情呢？有可能啊。

他的画是一种象征性语言，也顺应了他的（和他家人的）热情。这种沟通很容易被人忽略，若我们仔细看，纵使只是一张潦草的球赛草图，也可以看出那位临终者想传达什么。道格的家人了解他的意思之后，也有助于他们准备好接受他的死亡。

◆ 波丽的故事

波丽已经守寡二十余年，她和女儿苏住在一起。十年前，她割除患癌的乳房，此后的七年多似乎没有癌细胞的问题。但是，她的癌症复发了，波及骨骼，她的胸部疤痕处腐烂了，伤口发出恶臭，还会流血，尽管不会致命，却足以让母女俩胆战心惊。波丽的另一个症状是疼痛，那是癌症侵入骨头的典型问题。

波丽身心俱疲，厌倦了疼痛和老是发臭或沾满血迹的纱布。苏为此感到沮丧和担忧，波丽的医生警告苏，说她母亲服用的止痛药非常重，所以苏只在判断母亲实在需要的时候才会给药。

她很讨厌帮母亲更换纱布，母亲也不喜欢见到她这样。当她帮波丽换掉纱布的时候，伤口都会出血，所以她尽量减少更换的次数，这却使得纱布更臭。苏觉得自己不管怎么做，都无法减轻母亲的痛苦，另一方面，她担心不能因此好好照顾两个幼小的女儿。

波丽的癌症不会立即危及生命，但因为骨痛严重，所以被纳入安宁疗护体系，提供一个月的入户协助，帮她减轻不适。这份计划的目标在于控制波丽的症状、提升苏的技术，让她有自信当个好的照护者。各方面显示，波丽还能再活一段时间，我们计划在满一个月的时候把她交给主治医生。

首度探访时，苏哭着向我描述母亲的疼痛，疲累万分的波丽已经哭不出来，只说自己多么泄气，而且很担心女儿。

"她花这么多时间照顾我，根本无暇照顾自己的老公和两个小女儿，"波丽说，"这让我觉得很愧疚。"

不出一个星期，波丽的骨痛已经控制住，她和苏对止痛药的使用须知多了些许认识，知道就算病患对药已经产生耐受性，依然可以在安全范围内增加剂量，以减轻疼痛。苏学会了更有效果、更有效率地照顾母亲。我们还教她清洁伤口、更换纱布的简单方法，既能消除恶臭又能止血，而且一天只需换一次就好。

死亡的预感

波丽开始觉得比较舒服以后，重新找回对外孙女们的关心，甚至自愿要做家务。安宁体系支援的这个月进行不到一半，波丽、苏和我都同意，他们现在只需要一周一次的探访就好。

我早已计划去度假，届时会有另一个护士来接班。旅行之前，我向苏和波丽道别，说我两周后回来见她们。

"但是我不会在这里了。"波丽说。

"什么意思，波丽？"我问。

"我也不确定，"波丽说，"只是有种感觉……"

波丽无法说下去，显得很疑惑。苏问我的想法，我说虽然大家都认为她母亲还可以活久一点，但当事人比任何人都清楚。我问波丽想做什么事，经过讨论之后，波丽说希望所有事情都维持现状，但她很想再见到那个独自生活的妹妹琴妮，她们姐妹的关系不太密切。

接到苏的电话，琴妮立刻从另一州飞过来。她和波丽充分享受这次相聚。琴妮临走前在机场对苏说，这次是"我们好几年来，最棒的一次相聚"。

之后一个星期，波丽就在睡梦中逝世了。

把握倒数的每一刻

几个星期之后，苏说："我以为她还有好几个月、好几年可活。若不是你对我们说那可能很重要，我不会用心达成母亲的愿望。我阿姨刚来时有点生气，她放下了自己的事，赶搭飞机过来，却见到姐姐一切无恙。母亲死后，阿姨非常感谢我通知她来。

"最后那两个星期真是神奇，我真不相信母亲会这么快离开，所以并不担心，但是我发现自己更爱她了。我通常不会去抱她、亲她、说爱她，那个星期我们聊了许多贴心话。我对她说我多么佩服她的勇气，在爸爸死后独立生活，在癌症复发后坚强承受。而她说我是她最爱的孩子、唯一的孩子，也是个很好的护士，把她照顾得很好。

"母亲过世前的那天晚上，我坐在她身边，"苏继续说，"我们聊了一阵，都是聊些小事，但是很贴心很温馨。隔天早上我走进她的房间时，她已经过世。她看起来很安详，好像只是在熟睡。

"最奇特的是，母亲知道她快死了，但是不怕。她以前不相信上帝、天堂或那一类的事，有一次她曾说，她不喜欢死后就消失不见的想法。她知道自己即将死亡却不害怕，所以我猜，她大概认为死亡不是很糟的事。我最高兴的是，她告诉我们这事即将来临，让我来得及通知阿姨，也让我来得及对她说出心中的话，不致错失了我们共处的特别时光。"

这就是倾听且相信临终者暗示何时会走的意义。若我们听进了那个信息。，就能把握剩余时日，说出我们想说或需要说的话，做我们想做或需要做的事。我们可以说"我爱你"、"真高兴有你这个朋友"、"你对我来说非常重要"、"我很抱歉……"，甚至是"我原谅你做出……"，或者像琴妮阿姨那样，我们去看看那个人,得到一场"好久以来最棒的相聚"。若临终者没有传出警示或我们没有听见它,我们可能就只能在他死后,懊悔当初没有把握机会说出这些话。

◆ 麦可的故事

麦可有先天性的肌肉萎缩症,就算是很小的活动,对他也是一种挑战。他是个很有毅力的青年,聪明而富有创意,个性如阳光般明朗。

"我的身体不跟我合作,所以我比较倚赖我的心灵。"他说。

疾病与衰弱,使麦可很容易受到感染,就算是小小感冒,都足以让他患上肺炎。因此,他成了当地医院的常客,医生和护士都很欣赏他。随着年纪愈大、残障愈严重,他受感染的状况也就愈加频繁。医生很担心他逐渐萎缩、逐渐衰弱的肺,他们说,任何一种感染都可能夺走他的性命。麦可一点都没有被吓到,还想要读大学。

因为时常住院,麦可快20岁才读完高中,光荣地毕业。他被选为毕业典礼上致告别辞的学生代表。州立大学准许了他的入学申请,这让他兴奋无比,尽管父母反对,他还是说服他们让他住校,"就像一般的小孩那样"。

他们只好让他试试看。然而,他必须绑在轮椅上,需要有人帮他沐浴、更衣,夜晚需要翻身两次以免肺部拥塞充血,而这些都需要别人的协助。

"别担心,我是轮椅上的兰博!"他告诉父母,"我会想办法解决的。"

麦可很快就成立了一个忠心支持他的社团,他们轮流帮他。宿舍的室友用闹钟设定时间,在夜晚帮他翻身两次。学校保健室的护士特别关心麦可,若他有需要,随时都可以留在那里,他的朋友会陪他一起在保健室过夜,以确保护士"好好照顾他"。这群人的笑声不断,护士从来不会抗议"麦可的睡衣派对"。

来不及说出口的话

麦可顺利读完大一,只发生一些小小的问题。到了大二,因为流行性感冒侵入整个校区,他病倒了,染上肺炎而立刻被送往医院。麦可以前也有过很多次病得很重却康复的经验。这一次,尽管朋友们担心不已,抗生素还是一样对他奏效了,他们都松了一口气,回到各自岗位。

第二天,他父亲在公司接到一个奇怪的电话。

"爸爸,我爱你,"麦可说,"我要感谢你当个这么好的父亲。"

"麦可,我傍晚下班之后会去看你。"

"噢,爸爸,那时我就不能对你说这些话了。"他回答。

他父亲想到那群老是聚在麦可房里的年轻人,以为他指的是到时不会有机会说些私密的话。

"我也爱你,小麦,你是个很乖的小孩,我们晚点见。"他父亲如此回答,却不知麦可一整个下午都在打这样的电话,打给他母亲、哥哥和朋友们。他们全都在傍晚来到医院,而麦可已经陷入昏迷,从此不再醒来。他当天晚上辞世,所有他爱的人,都来到身边。

照顾临终者相当辛苦,尤其是居家照护。你需要让他服用各种药物,而且从早到晚要帮他处理私人事务,准备三餐,更换衣服或帮他治疗。且无论这些事情多么繁重,每天需要尽的义务还是存在:许多账单要付,许多衣服要洗。因此家属总是心力交瘁,就算只是持续一段特定的时间,生活也是一团混乱。往后的日子更是充满了悲伤和损失,所以很多家属都避免向以后看。

麦可的家人没有读懂他们得到的信息,若不是有人解释给波丽听,波丽也不会相信母亲想传达的信息。这两则故事都明白指出,临终者已经意识到自己临近终点了,而家属经常会下意识否定这个信息,并不是因为他们不在乎或没兴趣,而是因为他们不明白讯息的重要含义。他们只忙着照顾病患的身体,支持病患的心情,而无法跳出那些需要即时处理的事,看到背后信息的重要意义。

若连这么直接的表示都会被忽略或误解,我们就可以知道,那些微妙深奥的信息更有可能不被了解了。

◆ 伊儿莎的故事

"我母亲非得穿好衣服化好妆才肯见你。"贝蒂在迎接我时解释着,"希望你不介意多等一会儿,她命令我一定要好好招待你,看护会帮她穿衣打扮,我们到吃早餐的房间喝杯茶吧。"

那是个阳光灿烂的八月天早晨,我们坐在采光良好的八角窗前面。我要贝蒂和我聊一聊她母亲，她笑了。

"我母亲看起来娇小又虚弱，但是向来很独立，道德观很强。二次大战爆发之前，她和我父亲离开德国，背包里只有几个珍藏的东西和一些衣物。我是在这里出生的。到异地重新扎根实在很不容易，而他们做到了。我父亲创立的生意非常成功，他在我六岁时去世，所以我是母亲一手带大的。她继续经营公司，直到去年因病退休。

"她被诊断出结肠癌之后，我们请她搬来与我们住，但她拒绝了，她不想离开费城的家和朋友。上个月她来电表示心意改变了，她的朋友们告诉我真正的原因是她频频摔倒，这吓着她了。她现在还是没有对我提那些状况，她非常节制隐忍。我替她感到悲伤，因为我知道，离开费城对她来说有多么艰难，尽管她嘴上没说。我很高兴她搬来，我们都很担心她一个人住。"我问贝蒂如何照顾母亲。"她坚持要请自己的看护，所以不用我处理她的个人需求。这一点起初让我很不舒服，我并不认为照顾她是个负担。我不用工作，孩子也都上学了，但是丈夫和我决定顺从她的心意，因为她似乎很重视要自己做决定。"

我同意这是最好的做法，能让她母亲保留某些程度的控制权。

我们突然听到一阵铃声。

"我母亲可以见你了！"贝蒂笑着领我到图书室，伊儿莎姿态庄严地坐在壁炉前。

悲伤圣诞节

"抱歉让你久等,"她用迷人的德国腔边说边和我握手,"这个病让我动作慢了一点,刚好让你有机会多认识我的女儿。她是不是很棒啊?她和她的家人一年前刚搬进这栋美丽的宅邸,所有的布置都是她一手包办的呢!"

"贝蒂,你有没有拿自己编的圣诞花圈给她看?"伊儿莎问,"我是在德国长大的,许多圣诞节习俗都是起源于那里,所以尽管离圣诞节还有好几个月,我们已经准备要过节了!圣诞节一直是我们家一年当中最重要的节日,多么快乐。"

我每周探访时,伊儿莎都会叫贝蒂为我介绍他们最新的圣诞节计划。

"我知道这是她最后一次过圣诞节了,想尽力把它弄成最完美的一次。"贝蒂悲伤地对我说,"我尽量抛开这个想法,她一直都很尽情参与各种节日,实在难以想像没有她的圣诞节。"

到了十月,伊儿莎变得更虚弱,必须时常躺在床上。她很少抱怨,却不再兴致勃勃地帮忙布置了。贝蒂说她变得比较安静、退缩,看来很沮丧。

"我一直想方设法唤回她的兴趣,逗她开心,但是这样做只有让她更退缩。"她说。

沮丧是临终者在身体能力逐渐消逝的情况下自然会有的反应。我们应该像处理其他情绪般尊重沮丧的情绪。我如此告诉贝蒂,她显得比较释怀了。我建议她花一些时间,静静坐在母亲身旁就好。

"前几天,她说圣诞节也可以是个悲伤的节日,也许她知道,今年会是最后一次与我们过圣诞了。"贝蒂悲伤地说。

"对,有可能,"我回答道,"但也可能表示,她觉得自己会在圣诞节时去世。"

贝蒂面容失色,这个想法让她微微发颤。

"现在还太早,说不准,"我说,"你继续照原来的态度吧,把每一天都变成她度过的最美好的一天。"

圣诞节愈来愈近,伊儿莎也愈来愈虚弱了。尽管在家受到很好的照顾,她还是表示想住进安宁院,过完最后的日子。贝蒂很希望母亲能留在家里,但她还是顺应母亲的心愿。伊儿莎在12月20日住进安宁院。

化悲恸为想念

圣诞夜当晚,贝蒂和家人过来探视伊儿莎,他们一同欢唱圣诞歌曲,享受圣诞节的氛围。当他们准备回家的时候,伊儿莎在贝蒂的耳边低声指示,要她到家后去哪些地方找藏好的礼物。原来看护在十月的时候,偷偷帮她母亲买好礼物,包装好,藏在屋子里,贝蒂好感动。回家前,贝蒂亲吻了伊儿莎,每个人都祝她圣诞快乐。

隔天早晨,他们拆开礼物,准备前往安宁院时,电话响起。伊儿莎刚刚辞世了,很安宁,没有任何预兆。

第二天,我去探望贝蒂,她泪流满面地告诉我,她的十岁儿子说"这下子,圣诞节就会变成姥姥的日子了,妈妈,你明白了吗;她永远都会在这里陪我们的"。

"我很感激母亲在十月的时候提醒了我,"贝蒂说,"让我有时间用其他角度看待这件事情。若非如此,她在那一天过世,一定会变成大家最惨痛的记忆。她必定早就预知了,而帮助我做好了打算。"

伊儿莎对于自己的可能死亡时间,说出了明确又奥妙的意见。这做法虽然无法改变什么,却让女儿和家人有时间为这个可能性做好准备。他们带着这种想法继续生活,心中舒坦多了,也能用一种较不同的、较正面的态度看待死亡,而不是猝不及防的震惊。

◆ 尼可拉斯的故事

"我过着美国梦般的生活,"第一次见到尼可拉斯时,他这么说,"我什么都拥有了:美满的婚姻,三个杰出的孩子,一栋豪宅,还有一间全城最棒的希腊餐厅,我的员工不只是员工,他们和我是一家人,一直到我罹患这个该死的癌症!"

尼可拉斯的父亲是贫穷的希腊移民,到了尼可拉斯这一代,确实成就斐然、名声显赫,而且受到许多人的爱戴。他55岁时罹患胃癌,朋友成群结队地过来帮忙照顾他。然而,从他吃什么都不舒服开始,病情急转直下。

"这真是讽刺!"他说,"我一点都不饿,却很怀念食物带给我的快乐,它们是我全部的人生!"

"他每天打电话给餐厅主厨,要他带不同的晚餐过来,"他的妻子克莉丝汀娜说，"主厨每天忙着做出尼可拉斯指定的餐点。大家都知道他不能吃，但是他还是执意点餐！"

六月初，克莉丝汀娜打电话来，她担心尼可拉斯的表现。"请你最好来检查一趟，"她说，"我想他快要意识混乱了。"

最后的结婚纪念日

我抵达的时候，他正忙着指挥他妻子去"拿结婚蛋糕来"。

"看到了吧？他完全搞混了。"克莉丝汀娜说，"我们的结婚纪念日是7月4日：主厨通常会帮我们做一个超大蛋糕，上面画满焰火……但还有一个多月才到啊。我一直对尼可拉斯解释这点，他还是要那个蛋糕。"

我仔细检查，找不到尼可拉斯任何生理上的异常，于是我对克莉丝汀娜说，尼可拉斯可能比我们还清楚自己的身体状况，他或许想告诉我们，他会在结婚纪念日之前辞世。

伤心的克莉丝汀娜致电所有家人过来讨论这件事，他们一致同意该准备蛋糕，隔天就庆祝。那是一场成功的宴会，尼可拉斯一反平常，显得又机灵又活跃，他甚至顺利吃下一块蛋糕，让大家甚为讶异。

尼可拉斯在6月30日过世，7月4日下葬——他的结婚纪念日那天。告别式上，克莉丝汀娜抱住我。

"让我告诉你，尼可拉斯在宴会上对我说了什么，"她含泪说，"他说为我感到骄傲，说我是个好女人、好妻子。他也为我们26年的快乐婚姻感到骄傲。他感谢我，我一直哭、一直哭，但是我也感谢他。真高兴我们提前庆祝了结婚纪念日，我们差一点失去共度美好日子的机会，因为我还以为，他只是一时的意识混乱而已。"

伊儿莎和尼可拉斯，都是用微妙且迂回的方式，对他们的至亲发出信息，分享他们意识到的死亡时间。伊儿莎意识清楚，而尼可拉斯的家人却以为他神智错乱了。这两种信息都很有可能被忽略。

为什么临终者不直接说"我会在这一天或这个时间死去"呢？

我们也不知道。关于临死觉知，我们还有很多东西需要学习与了解。但无论表达方式是直接、婉转，甚或沉默，临终者确实是在告诉我们，他们真的意识到死亡何时会降临，而且他们不为此苦恼。如果能倾听并试着了解这些讯息，就能获得独特的机会，把自己准备好，去安慰他们的失落感，且让我们不再害怕死亡，好好利用剩下的时间，让死亡更有意义。

Part III

临死觉知：我需要什么才能安宁离去

Nearing Death Awareness:
What I Need For A
Peaceful Death

在这个部分我们将探讨：临终者需要什么才能安宁离去。有人需要与某人和解，有人需要别人帮忙移除妨碍他安宁死亡的事物，有人需要在特定情况之下才能自在辞世，例如，选择他们去世的时间，或是选择临终前陪伴在侧的人。

当临终者知道自己需要什么之后，会变得很在乎，甚至表达出极为迫切的需求。若那些沟通很清楚而且执着，通常能让理解这些信息的人采取行动而遂其所愿；反之，若那些信息很模糊、迂回，就可能被人忽略或漠视，而使临终者灰心、焦虑，甚至被激怒。若对临终者的重要需求回应得太慢，有时死亡已经迫在眉睫，他可能会延缓自己走向死亡的步调，或者加长这段死亡之路的过程，直到他能安顿好某件事情或得见某人，从而达成最后的和解。

临终者的焦虑、发怒或延迟走完死亡之路，会让所有人不自在，包括他自己、他的家人、他的朋友以及医护人员。通常，对于发怒的处理，就是安抚病患（有时是家属）。镇静剂能平息怒气，但不应该只靠药物。若你没有分析激起怒气的原因，只想用镇静剂压下怒气或想当然对那种状况作出解答，可能会带来反效果，让病患更加苦恼。

当我们能了解病患执意达成那些心愿的真正原因，就更能帮助临终者完成心愿，也能让我们看清人生中需要妥协、需要完成的事，有多么重要。

10 Ten
"我们一定要去公园。"

◆ 安德莉亚的故事

安德莉亚住在位于郊区的舒适房屋。我走进她家大门,对她自我介绍。

"我有些问题想问你。"她就事论事地说。

她的丈夫汤姆站在她身后,牵着他们三个孩子之中最年幼的那个,另外两个则趴在厨房地板上,翻看着彩色童话书。

"我需要知道你的背景。"安德莉亚边说边把咖啡壶放回去。我们一起坐到厨房餐桌旁,我为她简单介绍我个人的专业背景。

"你为什么想做这种工作?"她用直接有效的方式问我,"这不会很让人沮丧吗?"

"这问题很难回答,"我说,"某人的生命面临终点,当然会有伤心悲恸的情形……我也感觉得到。但是那种情形在我看来,却是一种机会,一种能够帮助病患珍惜生命的最后乐章,善用那段时间做该做的事,说该说的话,完成未竟事业,与所爱的人共度宝贵时光。"

"我的职责是尽量让病患感到安适,且并非只是生理上的舒服,如此他们才能放手去做那些事情,好好运用这段特别的时日。我也强烈感觉到,送人临终和迎接新生命一样,都可以是全家人共享正面意义体验的机会,而非只能悲伤、痛苦和失落。这才是这份工作的挑战性,也是我快乐的来源。"

安德莉亚静默几分钟,然后微笑着替我倒第二杯咖啡,我这才知道,她对我的"面试"还没结束呢。

解说信息,提供宁适

"我有子宫癌,他们说我即将死亡,"她说,"我想知道死亡是什么样子。"

我实在很讶异,这个性格独特的29岁女子,双眼没有惧意,而且这对夫妻公开在孩子面前谈论此事,似乎习以为常。

"我没有死过,"我说,"无法以个人经验对你说明死亡的样貌。但是我照护临终病患好几年了,我能把我所见所听告诉给你。""太好了!"她说,"我想听!"首先,我告诉她,她的病可能产生的生理变化:失去食欲,同时造成体重减轻、身体虚弱,会疼痛以及恶心、反胃。

我解释我们会用饮食的调整和药物控制住不适的症状。她可能会愈来愈嗜睡,愈常做梦,也许有些意识混乱,直到最后变成短暂的昏迷,然后离去。我说,她可能会因为肝功能衰竭而死,但是我们会用适当方法,控制住她的症状,让她保持安适。

"好，我的身体会发生这些状况，"她说，"但是'我'又会如何呢？"

当我提及其他病患经验到"临死觉知"时，她非常好奇，也觉得很神奇。我说有病患提到与已逝的人同在，有人表示他们正在准备离去，或说他们知道自己会去向何处，或知道自己何时会走。我告诉她，那些临终者让我们知道，他们并不觉得死亡之路很无助，他们常告诉我们，他们需要什么才能安宁离去，甚至会选择离去的确切时间。

我安慰安德莉亚，在我的经验里，很少有病患是在痛苦或惊吓中辞世的，她显得很吃惊，但也放心了。我送她一本穆迪博士（Dr. Raymond Moody）的书《来生》（*Life after life*），里面描述了许多濒死经验，希望她从中得到更多信息。

我解释，虽然她可能有过一些濒死经验，但是，随着她愈来愈接近死亡，会体验到不一样的经验，会比较慢、比较和缓渐进，而且她可以与身边的人分享这些体验。她听了很兴奋。

谈话持续了两个小时，在不知不觉中，太阳西下。

"我原先是来对你说明安宁疗护计划如何帮助你的。"我说。我们一起大笑。"你已经把我真正想知道的信息告诉我了。"她说，"你下次什么时候来？"

书中的魔法

我再次探访时，安德莉亚在门口迎接我，显得很兴奋。

"汤姆和我一起看了那本书，"她说，"真的很有帮助，我们也读了一部分给孩子们听。如果死亡是那样，我想我能做到！"

她这么说，让我好感动。她说"我想我能做到"，不是"我想做到"，而是"如果必须做，我想我做得到"。那信息确实帮助安德莉亚不害怕死亡，不再感到无助了。

"真是让我心醉，"她说，"这信息真的帮了我，所以我也要尽力帮助你，好让你去帮助更多的人。我保证，若是我产生书中提到的任何一种体验，一定会告诉你的，好吗？"于是乎，我们已经提前包好行囊，准备上路了。

与安德莉亚、汤姆和他们的孩子合作，真是愉快。他们如此坦白，如此诚实，而且全家人愿意共同解决困难，着实让我惊叹。我不禁为他们拍手，鼓励他们让孩子参与所有的过程和讨论，因为我知道那可以帮助他们好好面对现在的悲剧和以后的哀伤。

"我们总是让孩子参与，"安德莉亚说，"我们相信，对孩子诚实是最好的。而且就算我们不想，有这三个七岁以下的幼儿，怎么保住他们呢？"她咧嘴大笑。

我问她，孩子对那本书有何反应。

"他们认为它很棒，"安德莉亚说，"丽莎说它听起来就像魔法！"

准备最后的礼物

有一天我到达时，发现安德莉亚静静地坐在客厅角落，眼中含泪，周围有三个购物袋，每个孩子都有一个。

"这些是孩子们的相簿，"她说，"我一直都没时间把它们整理好。"

"看，我的孩子多么美丽，"她拿几张相片给我看，"我真不想离开他们！好怕他们会忘记我，所以我想让每个孩子都有一些可以想到我的东西。你愿意帮我的忙吗？这种事，对汤姆来说太难了。"

我陪她一起坐在地上，我们一起哭泣，互相递卫生纸，然后开始整理那三本相簿，每一本的封面标题都是"妈咪与我"。这种哀伤，使得我泪水狂流。我很敬佩这位美丽的年轻妈妈。

三周后，我碰巧开车经过安德莉亚住的社区，她不在我的定期探视行程中，但是因为我的工作提早完成，很想顺路拜访她。安德莉亚到门口迎接我，她看起来很苍白，见到我时显得很高兴。

"真是惊喜！"她说，"我刚刚想到你呢，快进来！"

她开始摇晃，好像头晕目眩。

"我快晕倒了。"她含糊地说。

她往浴室的方向倒去，我赶紧抓住她的手臂，让她晕在我的臂弯中，我大声呼叫汤姆过来。我们勉强把她放到地板上，她正在出血。

汤姆吓呆了。

"别跟我说时候到了！"他说，"我们能做什么来补救吗？"

"我们可以到医院去，做些较积极的治疗，"我说，"也可以让她舒服地待在家里，但是如果失血过多，她很快就会断气的。安德莉亚曾说过，她不想再做任何癌症的治疗了，但是你觉得在这种情形下，她会希望我们怎么做呢？"

"太突然了！"他说，"她还没准备好……我也是。"他开始哽咽："她想为孩子们做的事情还没有完成。而且她才刚开始帮我弄清楚家里的账务，我想我们需要再争取一点时间，我想她会希望我们试一试。"

我们打电话叫救护车。安德莉亚住进安宁院区的加护病房，治疗和输血都很成功，她终于恢复意识了。

遇见美好的经验

"安德莉亚，真高兴你现在稳定了。"我说，"我们都好担心。"

她伸手过来紧紧握住我。

我想起她失去意识前的表情，她是否看到什么我们无法见到的事？我觉得如果她愿意，她会跟我说的。

"发生什么事了吗？"我问。她努力想找出贴切的语句来表达。她急切地注视我，实在很难形容她眼中透露的讯息是敬畏，纳闷，惊异。

"发生什么美好的事了吗？"我问。

"对，"她喃喃自语，"噢，对！"

"请你对我透露一些，一个字也好？"我问。

"我不能，"她轻声道，"我就是做不到！"她慢慢地摇头。
"没关系，"我说，"没关系……晚一点再说。我只是很高兴你醒过来了，而且体验到对你来说很美好的经验。"

安德莉亚一直无法描述那天到底发生了什么事，但是身边的人都感觉到她散发出来的平静与安详。

因为爱而误解

几个星期之后，汤姆说："安德莉亚勇敢地站在最前线，她不希望自己的痛苦与恐惧影响到别人，那是她保护别人的方式。她偶尔会让我抱着她，然后我们一起为命运哭泣，但是没有经常这样。虽然她没说，但我知道，我父亲的反应伤了她的心。"他继续说下去，"她的父母去世之后，我父亲和她相处得很不错，我想她和我父亲真的很合，他不是能言善道的人，但是他们还是很谈得来。

"到了他退休，并且我母亲去世之后，他每天都会过来帮安德莉亚带小孩。不过那是在她生病之前。我们把她的癌症告诉他的时候，他勃然大怒，对我们大吼大叫，我们无言以对，那情形让孩子们很难过。安德莉亚对我说，'给他一点时间，让他自己平静，他只是太难过了'。"汤姆的声音带点气愤。

"好几个星期过去了，事情并没有好转。"他说，"我父亲偶尔会来，但不会久待，而且既粗鲁又无礼。有一次我下班回家时，看到安德莉亚哭着说，'我觉得他在生我的气，因为我可能会死，害你必须一个人照顾小孩。难道他以为我想这样吗'。"

"我告诉你，"汤姆说，"光是这件事，就能让我想要杀死他！我立刻拿起电话打给他，大吼：'妈的！我们已经有很多问题了，你还来添乱。'然后用力挂断电话。从此我们再也没见到他了。这真不像他，怎么这么残忍？"

我对汤姆说，从他父亲在安德莉亚被诊断出癌症之前的表现判断，也许他父亲真的很喜爱安德莉亚，以至于无法接受会失去她的事实,也无法面对这一切的改变。

"你和安德莉亚都见过我们的社工人员,"我说,"我很确定他能改善这种状况。我真的觉得,你父亲也正在忍受很多情绪上的痛苦。"

"你说的没错,"汤姆说,"那位社工真的对我们很有帮助。也许他可以和我父亲谈谈,我是宁愿不要去找他谈的。"

社工人员与他父亲谈过后反馈说,他听到安德莉亚的癌症之后,整个人崩溃了,被愤怒、悲伤和恐惧压垮了。"怎么会发生这种事?"他说,"我不知道该说什么!我不知道该做什么!安德莉亚表现得这么勇敢。我怕我会失控,每一次看到她我就会崩溃。我这么爱她,她是我从来没有过的女儿,然后我看到那些小孩,就受不了了……她是个这么好的妈妈……他们以后要怎么办?汤姆怎么可能把这所有的事都处理好,他还要赚钱养家呢……"

促成和解

社工人员定期探访,终于帮助他父亲承认且正视自己的恐惧了。不过我们都觉得,应该尽快促成他们的和解,因为安德莉亚的病情正在迅速恶化。

安德莉亚终于和汤姆解说完家庭账务,也带着浓浓的母爱整理好三个孩子的相簿。她请了一个保姆,在汤姆工作时过来照顾小孩。然后,似乎她知道自己的工作都已完成,可以"放手"了。

现在的安德莉亚整天卧病在床,于是我建议,改用医院病床,这样会比较方便。

"我们不要用病床,"汤姆说,"那样睡不下我和孩子们。"

安德莉亚变得更加虚弱,无法进行治疗,多数时间都在昏睡,不安和意识混淆的状况更频繁了。在她漫无边际、毫无条理的言语间,她却说出一句表达清楚且坚定的话:"我们一定要去公园。"我问汤姆这句话可能是指什么。我担心她的不安,是因为有某事让她不舒服。

"以前她和我父亲常带孩子们去公园玩,"他说,"原来她在等我父亲……我确定!她已经熬得太久了,我马上去找他来,不管他有没有准备好!"

他父亲双眼噙着泪来了,几乎看不清儿子家的楼梯。一看见安德莉亚,他立刻流下泪来,把她拥在怀里。

"我来了,甜心,我来了,"他说,"我很抱歉,请原谅我。我这么爱你!我不会再远离你了,我会每天都来,我保证!"

安德莉亚眼皮颤动,有气无力地说:"老爸。"

"我今晚可以住在这里吗?"他父亲问道。

"好啊,我们也希望那样。"汤姆说。

当天晚上,安德莉亚在那张超级大床上安宁辞世,旁边睡着汤姆、孩子和老爸。

稍后,我到他们家,汤姆告诉我,安德莉亚离去的时候,女儿丽莎应该是想起那本书所说的濒死经验,看着天花板挥手,并叫着:"再见,妈妈,我们爱你!祝你的魔法之旅一路顺风,别忘了帮我们在天堂里占最前排的好位置喔!"

11
Eleven
需要和解:"我需要与……讲和。"

临死觉知中最重要的意识之一,是需要和某人和解。临终者意识到他们需要安宁。逐渐逼近的终点让他们突然明白自己有某事尚未达成,或是做得不完整:这也许是一些当时觉得不重要的事,或是很久很久以前的事。现在他们觉得那些事情重要了,所以想做一些补救。若太慢意识到这点,有时死亡近在咫尺,他们仍迟迟不肯走到终点,甚至加长最后的那段路程,以便完成那些事情。

若临终者坚持要和解,多数人都会帮他的。举例来说,当临终者说:"我想和妹妹说话,我们从15年前大吵一顿之后,到现在都没说话。"别人通常会尽力帮他找妹妹来。

然而,有的时候,临终者并没有清楚地表达,别人就会忽略那些需求或认为不重要,有时干脆以为那是意识混乱。若临终者意识到自己必须与某人达成和解,并且试着表达,但表达却被忽视,他们就会生气。这是因为他们已经临近终点,发现如果没有达成和解,就无法安宁辞世。而那愤怒也可能是因为他们怕自己不得不痛苦地离去,那痛苦并非身体的痛,而是情感、心灵的痛,所以更难缓解,而且更难以察觉。

这些应该解决的问题,常常是一种关系,所以临终者会有强烈的动机想和解或改善那些关系,无论是与别人的关系,与圣灵的关系或与自己的关系。

◆ 泰瑞莎的故事

泰瑞莎22岁,罹患的是骨癌,将要步入死亡了。她上面还有个哥哥,而父亲在她5岁时遗弃她。这些年来,尽管父亲住得不远,却很少与子女联络,更别说抚养他们了。泰瑞莎与母亲同住,受她照顾;哥哥就住在附近,经常过来探望,尽可能帮忙。

我首次探访她时,泰瑞莎和母亲提到那个男人时,都是说"那个男的"而不是"我的父亲"或"我的前夫"。我问泰瑞莎想不想见他,她回答说既然没有关系了,就没有见面的必要。

泰瑞莎最严重的问题是疼痛和体重下降,这种情形好比年轻人代谢比年长者快速一样。她的疼痛需要相当大剂量的止痛药,我们也试过其他止痛方法,例如,泰瑞莎觉得冥想和音乐特别有助于止痛,所以我们为她特别安排了这样的时间。

泰瑞莎母亲见她爆瘦,觉得非常不舍。泰瑞莎五呎七吋高,一直都很苗条,现在的她吃得更少,也不愿意服用任何营养补给品。她愈来愈瘦,多数时间都躺在床上,她母亲必须每隔数小时帮忙翻身一次,以免造成褥疮。

泰瑞莎被纳入我们照护对象的四个月后,性命垂危。她的疼痛加剧，止痛剂愈用愈重。我们以为已经控制住她的疼痛了，但她还是呻吟。我们追问原因，却得不到答案，她的回答晦涩难解。她母亲问我好几次，为什么她的女儿还没放手离去。

临终吐真言

有一天，在她的胡言乱语当中，我们听到她说出了："爸。"

我们问她，是不是想要见父亲，她的回答非常模糊，夹杂在痛苦呻吟中。她母亲觉得可以试试看，便打电话给她父亲，解释这种状况。

当天下午，泰瑞莎的哥哥去接他们的父亲过来。

他走进泰瑞莎的卧室，坐在她身边，握住她的手，对她说他来了，然后再没说话了。看来，这情形让他震惊而且难过，但他还是一副冷漠厌烦的样子。他在那里站了几分钟。"我受不了。"他留下这句别扭的告别之后，就离开了。但是泰瑞莎的呻吟停止了，她的恼怒也平静下来了，在几个小时之后辞世。没有人能断言，泰瑞莎久违的父亲的来访，是让她安宁去世的原因。但是那天与以前唯一不同的，就是她父亲前来看她。她的哥哥和母亲都觉得，泰瑞莎需要从父亲那里得到什么东西，而且她是在他到来之后才真正放手的。

泰瑞莎最后才发现自己需要见到父亲，而且她无法在虚弱的状态下清楚表达。虽然找来她父亲其实相当容易，但如果不能了解她的心意，就无法及时这么做。有的时候，那位重要的人很难找到的话，会让病患更加沮丧。

◆ 席拉的故事

我首次探访时,席拉的外甥以浓重的爱尔兰口音,为我描述她的背景。

"她很能干,"他说,"在旧时代的国家,像她这样的女孩,机会着实不多,她的父母拿出最后丁点积蓄,送她来美国。这个可怜的女孩正值青春烂漫的年纪,18岁的她只身旅行,坐在货轮的底舱里,和动物一起来到美国,她能够安然度过这趟旅途,也算是奇迹。"

如同那一代的许多爱尔兰女孩,席拉移民到美国,找到女仆的工作,将所赚的钱寄回家乡。后来她遇见一个男孩,并爱上他。他们的爱没有持续很久,却留下了一个女儿。席拉再一次流落街头,勉强养活自己以及襁褓中的女儿茉琳。

"那段日子真是艰苦,"他说,"直到席拉遇见农夫欧麦力先生,他比她年长几岁,但是非常勤奋,这些年来,他让她衣食无缺。但他完全不想栽培茉琳,因为她仍是非法移民。茉琳七岁的时候,他送她到寄宿学校,只准她一年回家两次。""茉琳现在在哪里?"我问。"后来茉琳一事无成,没有人知道她在哪里。"他说,"那就像一把刀子深深插入席拉的心头,但是席拉从来不提她的名字,好像她已经死了!"

结婚55年了,席拉提及丈夫还是说"欧麦力先生"或"他自己"。他是个沉默寡言的老头,生性粗鲁,尽管已经八十几岁,依然精力充沛,每天在农场干活。他们的夫妻生活一点都不温馨深情，而是无言的依赖和容忍。欧麦力先生无法照顾席拉，就由雇请的家仆代劳。

等待骨肉重逢

因为子宫癌，席拉已时日无多，随着病情恶化，她日渐消沉，常常不肯吃饭，只是悲伤地望向虚空。

"我希望这一切赶快结束。"她这么说，但似乎还在等待着什么，不肯离去。

"席拉，你看起来好像在等待什么；"我说，"是在等茉琳吗？"

席拉的眼中涌出泪水，用手挥开这个话题不谈，转身侧躺，闭上眼睛。

以她虚弱的状况，本来是随时可能死去的，但她熬过一次又一次的并发症，活了下来。安宁团队对此进行讨论，觉得席拉可能在等待某人，想在死前见谁最后一面，这个人有可能是茉琳。

有一天，安宁院牧师、社工人员和我一起去病房探视，我们希望与欧麦力先生讨论我们的想法，看能不能找出茉琳的行踪，转达她母亲的病情与想见她一面的心愿。

"我绝对不准这种谈话发生在我家！"欧麦力先生气愤地吼道，"那女孩从出生开始就只会闯祸、让人心痛。我不要再谈这件事了！"他大吼大叫，挥舞着拐杖，冲出门去。

就在那个星期，席拉的表妹爱琳怯生生地打电话给牧师，说她在几个月前，收到茉琳从佛罗里达寄来的明信片，那上面有寄件者的地址。明信片上问她母亲过得好不好，说她已经寄了好几封信回家，没有得到回复。她还说知道自己让母亲非常伤心，而现在她在接受戒酒治疗，试着寻回失落的人生。她希望母亲能够接到这个信息，她爱母亲并对于自己为母亲造成的困扰感到抱歉。

爱琳知道，席拉必须靠欧麦力先生读信给她听，她怀疑他把茉琳的信藏起来了。爱琳很愧疚自己没有把茉琳的话告诉席拉，但是她又害怕欧麦力先生的淫威："他是一个凶恶的人！"

爱琳告诉安宁院牧师，说茉琳缺乏好的教养，而席拉嫁给这么盛气凌人的丈夫，变得非常胆怯。茉琳先是逃学，之后变成嬉皮，然后回家要钱，最后被继父赶出家门。继父还威胁说如果她胆敢再回家，就要报警，于是席拉和女儿最后的那丝联系，终于断了。

重温昔日的母女情

"席拉的心都碎了，"爱琳悲伤地说，"她再也没有见到茉琳，也绝口不提她的名字，那是 20 年前的事。我们听说她后来结婚，生了两个孩子，但是又离婚，而且因为酗酒失去孩子的监护权。"

第二天，我和安宁院牧师一同去找欧麦力先生，想确定这个信息。他大发雷霆，为自己辩护。

"丈夫的责任就是要保护妻子！"他大声咆哮。安宁院牧师去找席拉，温柔亲切地对她说明这段对话，她竟然大胆地怒视丈夫。

"欧麦力先生，你自己就是个大魔头！"她说。她丈夫听了这句话，把一束信件扔到床上，冲出门去。那全是茉琳寄来的信，安宁院牧师把信读给席拉听，她的眼泪簌簌落下。

"带她来见我！"她恳求道。

为了贯彻自己的威权控制，欧麦力先生拒绝替茉琳付机票钱，也不准她睡在他的房子里，还好有其他亲戚帮忙，合力帮茉琳筹到机票钱，并且安排她住宿。

席拉病弱到无法下床，一天到晚都在昏睡，但是女儿回来的那天，她却像早有预感，出奇警醒，而且开朗。茉琳带着多年来自暴自弃的沧桑回来了，当她冲进母亲怀里的时候，房里每个人的眼睛都湿了。她们静静地相拥而泣，哭了好几个小时。欧麦力先生则是整天都待在马厩里，和他的动物在一起。

茉琳把握机会，在欧麦力先生准许的时间她尽量陪伴母亲，他似乎每一天都会多允许一点时间给他们。茉琳帮母亲洗澡，用乳液帮她按摩双脚，轻柔地帮她梳理长长的白发，还会花数小时坐在那里，一勺一勺喂这个临终的老母亲吃布丁和苹果酱。对她俩来说，那是个慈爱又依恋的亲密时刻。

终于有一天，欧麦力先生宣布："如果你想，今晚可以留在这里。"那天晚上，茉琳整夜都坐在母亲的床边，哼唱着小时候母亲唱给她听的歌。席拉握着茉琳的手，安详地进入梦乡，随后陷入昏迷，在破晓时分辞世。

安宁院牧师为茉琳筹到一笔钱，足够她买一件好衣服去参加母亲的告别式。茉琳和三个星期前刚抵达时相比，显得年轻许多，也健康许多了。

另外一种和解的剧情是：向超越凡世的圣灵妥协。虔诚信教的人，经常需要宗教团体的支持、祷告和祝福，才得以安宁辞世。而这样的需要，同样发生在没有加入宗教团体的或强烈反对宗教信仰的人身上，或是那些曾有信仰却背弃信仰的人。

◆ 亚瑟的故事

亚瑟罹患癌症数年，对治疗的反应都很好，但是癌症现在复发了，在那间窄小整齐的公寓里，他的生命正慢慢地流逝。他一人独居，没有亲人，妻子在5年前过世。第一任妻子离开后，他很快就和第二任妻子再婚，这个事件让他逐渐脱离自幼入教的基督教圣公会，好几十年没再上教堂了。

"上帝和我关系很好，"他说，"我们不需要中间人。"

亚瑟没有把病况告诉任何人，他不想向朋友求助而麻烦他们，也拒绝接受朋友或专家的协助。他联络安宁院是医生的建议，而且这间公寓的管理员也曾向他提过，安宁院能让人觉得像待在家里一样。他担心我们会逼他住进来，但是当他对我们多一些了解之后，他就很高兴见到安宁团队的每一个人了。

"我喜欢你们的人，"他说，"你们会过来检查我的状况，教我如何好过一些，然后离开，留下我一个人！"

在他病情愈来愈严重之后，我们建议安排某个人与他同住，尤其是夜间，他还是拒绝了。后来他变得太过虚弱，我们认为独居实在不安全，便说服他让一位护士留下来值夜班。

现在的亚瑟，有部分肠道阻塞的问题，这会造成疼痛，我们每隔数小时为他注射一剂止痛剂。他只能喝一小口的水或营养补给品，而且常常呕吐。即便如此，他还是坚持待在家里，别人愈少关心愈好。

与信仰和解

一天下午，安宁院医生来检查亚瑟的状况，当她准备离开时，亚瑟问："可以请你和我一起祷告吗？谢谢。"

医生握住亚瑟的手祷告，然后问他，还有没有其他需要？

"如果我想请一位牧师来见我，会不会很麻烦你？"亚瑟问。

"当然不会，"她说，"你今天晚上就想见他吗？"

"不，不是今晚，"他说，"明天也可以。"

隔天早上，我带了一位圣公会的牧师过去，这是个三十几岁的亲切男人，他向亚瑟温暖地打了招呼。我检查亚瑟的生理状况之后，说我晚一点再过来。我再去的时候，他感谢我带那位牧师前往。

"他待了一个小时左右，让我很愉快，"亚瑟说，"我真不敢相信，自己觉得舒服多了。我们聊天，我们祈祷上帝赦免我的罪，他还为我涂油。真是神奇，虽然没有什么改变，但是我觉得舒服多了。"

晚上，牧师再去找亚瑟，还带了一些教友。他们一起为亚瑟祈祷，然后大家闲谈一会儿，少喝了一点威士忌。隔天早上，亚瑟在睡梦中辞世。

他的身体状况一直让我们以为有两个星期以上的时日，他过世那天没有任何明显的生理异常，唯一不同的是，他和牧师见了面。我们认为他在那天辞世,应是牧师帮他重回教会。

亚瑟的要求非常直接:见一位牧师。若病患提出的要求没有像他这么清楚,可能就需要照护者多花点时间弄明白,这一拖延可能会让病患感到极大的挫折和痛苦。

◆ 戈斯的故事

对照顾临终病患的我们而言,见到一般人看来不舒服的情景早已习以为常。临终者瘦成皮包骨会让亲友非常痛惜,然而,我们和那病患愈来愈熟之后,就不再看到他外表的憔悴容颜,而只看见他的美。

我首次探访戈斯时,还以为自己找错门牌了。前来开门的,是一个高大英俊、体格壮硕、约五十岁出头的男子,一点都不瘦弱,也不憔悴。若不是他脖子上套着颈椎支架,他看起来很健康。

"要不要来杯啤酒?"他说,"快要中午了!我从来不在中午之前喝酒的!但是,妈的,我十一点半才刚起床!"他哈哈大笑。

我这才知道,戈斯是个意志坚强,喜欢开玩笑的人。他特别喜欢用粗犷的字眼说话。

戈斯的癌症很危险,靠近颈椎神经。我看了他的医疗报告,真诧异他竟然能这么灵活。

"我现在是警局给的病假,"戈斯说,"队长要把我编到伤兵名单去,我才不干!我还能工作。噢,对了,我前妻要你打电话给她,她就住在两条街远的地方。"

他的前妻金与我约在附近的速食店见面。

"我们六年前离婚,"她说,"我爱这个男人,但是我受不了他了。他热爱当个海军陆战队员,而且喜欢战斗。他申请调到越南,而且去了三次!你相信吗?我和孩子就被他丢在家里。他在越南时,暴露在橙剂(Agent Orange)的威胁中,我们怀疑他的癌症就是这样来的。

"他执行最后一个任务回来时,我怀了我们的小儿子,"她的眼睛浮上泪光,继续说道,"他死于先天缺陷,才三个月大。戈斯用更多的饮酒作乐来忘记这件事情。他退出海军陆战队,加入警局,自愿到全市最危险的管区执勤,说要当便衣警察。这是压垮骆驼的最后一根草。我再也受不了了,他总是活在危险边缘,不过我们住得很近,孩子们还是能常去看看他。

"然后他得了癌症,那些治疗实在难熬,但是他很强悍,只要还能承受,就会做更多治疗。医生说他现在已经是末期了,但是他不相信!我每天过去看他,为了孩子,我要帮他渡过这一关,他们都还年轻,不应该在这个时候失去父亲。我想我也有点是为了自己吧,我真的爱他,只是没办法和他一起生活了。我不知道我们要怎样渡过这难关,无论如何,我告诉你,一定都得照他的方式做!"

卸下坚强的假面

戈斯继续当他的强悍、独立、个性分明的酷男,多活了几个星期,和他的死党一起狂饮啤酒,玩牌作乐。然后癌细胞长到颈椎神经了，他立刻瘫痪，卧病不起，意识混乱。我们派一名专属护士住进去，帮助金和戈斯的家人照顾他。他颇为舒适，但是显然接近终点了。

一天，我接到当班护士的来电。

"请赶快过来，"她说，"一切好像都没事，但是他现在很混乱且焦急，我们怎么也无法安抚他。"

"不是，我想他的时候终于到了。"我心想。一直以来，我都在纳闷，戈斯到底能带着那个酷男假面强撑多久。我觉得就算他不愿意讲，也不愿意表现出来，他一定也有一些时候觉得惊恐。

那场面一团混乱。戈斯痛苦地哭喊，喊出来的话支离破碎，不合逻辑，其中出现了"村庄""婴儿""汽油弹""燃烧"等字眼，还有这句悲剧的话："我做的，我做的！"在这些混杂的胡言乱语中，他说出一句话："我需要信仰上的诚实！"

求得宗教的宽恕

我初次探访戈斯时，他说过，他从小在一个虔诚信教的家庭中长大，但是他长大后并不认为信仰有多重要。不过，他还是很喜欢安宁院牧师的几次探视，所以我致电牧师。

"可以请你赶快过来吗？"我问，"我想你才是能够解决这事的人。"

安宁院牧师抵达时，金、孩子们、戈斯的父母和他的兄弟都来了。我们坐在厨房，让牧师和戈斯单独会面。几分钟之后，戈斯的哭嚎慢慢停止。整个房子安静无声，牧师把大家叫进卧房。

好一会儿,戈斯的神智逐渐清明。他环视站在四周的我们,再望向牧师,好像很讶异大家都来了。

"我要死了吗?"他问牧师,他正握着戈斯的手。

"是的,戈斯,带着主的奇迹。"他温柔地回答他。

他瞪着牧师的眼睛看,沉思许久。

"噢,妈的!"他说。

接下来几个小时,戈斯的家人继续陪伴他、抚摸他,与他一起回忆共度的快乐时光,他静静地陷入昏迷,然后辞世。

这个故事可能不那么光明,但若让戈斯痛苦万分地死去,只因为他曾在越南做过不可告人的事,这就会是个悲剧了。戈斯混乱的哭喊之中,藏有他唯一的需求,那是很可能被人忽略的。用镇静剂压下他的哭嚎,的确比较容易,而这种做法究竟是满足谁的需求呢?是安慰必须目睹并处理戈斯痛苦的旁观者,还是安慰需要得到赦免才能安然辞世的戈斯呢?

我们谈过需要与别人和解的例子,泰瑞莎和席拉都是需要修复他们和别人的关系,亚瑟和戈斯则需要与上帝和解。还有另一种和解:有人可能觉得自己的某些行为,违背了自己的伦理观或道德标准,这就影响他们和自己的关系。若他们觉得有某些行为让自己悲伤、困扰或愧疚,就无法得到安宁。

◆ 安妮的故事

英国籍女子安妮独居美国,她的安宁护士和她有相似的背景。她们常常回忆在英国长大的日子，两人都认为，她们搬到美国之后，必须做出许多调适。

年近半百的安妮看起来比实际年龄年轻，而且天真。她常表示，好惊讶自己的人生怎么"变成这样"，她指的是她的疾病和私生活。

她在一间小烘焙坊工作了好几年，与老板谈了一场浪漫的恋爱。这人已经结婚，而安妮相信他说离婚之后再娶她。然而那些话没有实现，最后她只好顺应他的要求，成了他的地下情人。他帮她付房租，她继续在烘焙坊工作，这段秘密恋情持续了十几年。

后来安妮患上宫颈癌，经常需要请假，她很感激老板随便她请多少假，但是到了病情加重、需要更多照顾时，他就不太愿意了。当她虚弱到无法开车，问他能不能载她去诊所或请他从店里拿些东西来，他拒绝了。

安妮对他的感情在爱恨之间反复游移，她感到羞愧与被侮辱。她羞愧自己爱上了有妇之夫，而他待她的方式让她觉得屈辱。他要她不能把这段关系告诉任何人，天生羞怯的安妮，因此没有朋友，也没有任何人可以倾诉。然而他却变得很冷淡，仅维持表面上雇主关心职员健康的关系。

安妮想维持秘密，我们只好预先为她无力照顾自己的日子做好准备。她想进安宁院，这样便可以不用麻烦伯朗先生照顾，而且没有人会知道这段婚外情。

开往天堂的红色巴士

当安妮的健康急剧恶化,我们着手安排疗护计划。她变得更加虚弱,疼痛和出血加剧,语无伦次,让人很难明白。她不厌其烦地描述疼痛、伤口和小红莓果汁,心情沮丧并且流下泪来。

"你记不记得空袭过后,他们如何从瓦砾堆里挖出尸体的?"安妮问,"记不记得那些红色的双层巴士?他们是不是很快就会派一辆巴士来载我了?"

护士猜想,安妮可能暗示自己即将离开。

"对,但是我要去下一个巴士站!"安妮说,更加焦急了。

"你想赶快搬进安宁院吗?"护士问。

"是的,"安妮叹气道,"可以叫巴士在那里停。"

于是疗护计划加速进行,当天傍晚,安妮的住院手续就办好了。在救护车上,她显得冷静又放松,到了安宁院,她对于周遭投来的关切感到紧张,但很快就适应了新床。服下惯常的止痛药后,她进入梦乡。隔天早上,安宁护士过去看她,见到她静静躺在那里,表情安详,缓缓吐出她最后的几口气。

安妮希望巴士载她去安宁院辞世,这样人们就不会知道她的秘密恋情了。若这个信息没有被人察觉,她会在那天晚上往生吗?她能在公寓里安宁辞世吗?熟悉她最后那段人生的人都同意,避开别人的闲话,肯定会让她自在些。

◆ 珍奈茵的故事

42岁的珍奈茵，是杰出的画家，多产而且成功。她的前夫不愿离婚，所以她和杰夫没有结婚，但他们在一间二十二层楼高的大厦里同居，他们很喜欢那里的全景视野。以都市风景画闻名的珍奈茵，时常在阳台上作画。

珍奈茵特立独行，而且意志力坚强，尽管她知道胰脏癌难以治愈，还是绝不屈服。她试过各种传统治疗，还到墨西哥接受尚未获准的疗法。

她联系安宁院时，已经因为病情恶化住进了医院，身体非常虚弱。她知道自己不久于人世，希望能回公寓和杰夫共度最后几个星期，眺望她钟爱的城市景观。

杰夫也急着带她回家，而这件事难以办到，因为她需要的照顾实在太过复杂，超乎他的能力。她的许多症状无法控制，她有开放性的伤口，需要经常更换衣服，而且靠着吊点滴维生。她无法下床也无力处理自己的任何需求。

最后我们决定让她住进安宁院区，希望简化她的护理，同时指导杰夫如何处理。尽管有很多事项，但珍奈茵的时间不多了，院区员工担心，她会在那些目标达成之前就辞世，还好，那些目标都已完成。

割舍不下爱情的依恋

救护车来载珍奈茵回家的前一晚，我和另一位护士去看她，好确定一切正常。杰夫收好她的东西,准备回家。我们对珍奈茵说些打气的话,说一切准备就绪,她很快就能见到城市的夜景了。我们让她稍微坐直,帮她把枕套拉平,发现她双眼亮晶晶地看着遥远的地方。

"我可以看穿这扇窗户,看到河对岸那个灯光明亮的城市!"她喃喃自语,露出灿烂的笑容。我们担心地互看一眼。随后我们追上杰夫,说见到那种别人无法看见的美丽景象,代表死亡已经逼近了。

"杰夫,先别走,"我们说,"她可能撑不过今晚,留在这里陪她吧。"

珍奈茵没有在当晚辞世,她继续活了三个星期,那段期间,她提出更多的需求,好让她安宁辞世。

珍奈茵的状况如此脆弱,把她移回家实在是极为繁重的工作,而我们仍然克服万难,满足她的要求,以为这么一来,应该可以让她安然辞世了。若她不够舒适或显得不安及意识混乱,大家就会担心起来。

然而,她依然迟迟不肯撒手离去。我们反复思索,到底遗漏了哪一个环节,使得她无法安心往生?

我们很难从她那些支离破碎的言语当中,找出清楚且有意义的字或词,后来我们发现珍奈茵时常说"戒指"这个字眼。

这是关键吗?如果不是,那是什么意思呢?

"我猜她指的是结婚戒指。"杰夫哀伤地说,"我们没结婚,只是同居,这一直是珍奈茵心中的疙瘩。我们都非常想要结婚,但珍奈茵离开她前夫的时候,他非常愤怒,拒绝签字离婚。直到法定时间已过,珍奈茵可以申请合法离婚时,她已经得了癌症。他提出威胁,要对外宣称她有疾病所致的心智无能,而且,你也知道,他是个律师,谁也奈何不了他!你应该可以想见,对于这种僵局,珍奈茵有多么伤心。"

迟来的祝福

我们考虑了这件事情,决定致电安宁院牧师,请他过来探视。

"甜心,安宁院牧师会在傍晚过来。"杰夫对珍奈茵说,"记不记得你多么喜欢他的探访,也许他可以帮助我们找到平静与安宁。"

珍奈茵没有回答。

安宁院牧师很熟悉珍奈茵和杰夫的状况。

"杰夫,珍奈茵可能需要某种特别的证明,表示你们两个相互承诺与对方结婚。"牧师说道,杰夫也同意。他和牧师一同对珍奈茵说明,他们计划要为他俩举行一个特别的典礼,会有朋友前来一起庆祝。

我们不确定珍奈茵有没有听懂,但是杰夫帮我为她穿上她最爱的睡袍,并把花朵别在她的头发上,然后我们布置房间,致电他们的朋友。杰夫急忙出去,买了些葡萄酒和乳酪回来。

黄昏的薄暮渐淡,这城市的灯光一一亮起,此时,安宁院牧师对到场的来宾宣布,现在举行的这场仪式是要"祝福这对可爱的佳偶"。当然,他无权宣布他们结婚,因为珍奈茵在法律上是已婚的,然而当他指挥全部人快乐地哼唱歌曲时,杰夫含泪把戒指套到珍奈茵瘦弱的无名指上。她的不安立刻平静了,虽然没有说话,她还是流下了一滴眼泪。

庆祝仪式完成之后,客人过来亲吻并祝福珍奈茵和杰夫,然后离去。我们挪出一些空位,让杰夫睡在床上,搂住珍奈茵。那是这三个星期以来,他俩第一次能睡个平安的觉。隔日,天刚破晓,朝阳的柔和光芒洒在城市之上,珍奈茵躺在杰夫怀中悄然辞世。

告别式上,我给杰夫一个真心的拥抱。

"杰夫,我希望你知道你做得多棒。"我说,"没有人能像你这样,把她照顾得这么好了。"

"照顾她其实不难,难的是看到她独自强忍疼痛,一直在撑,想撑到我们的结婚之日。我知道在教会规范和法律规定下,我们是不可能结婚的,但是在我们的心里,我们已经结婚。虽然我万般不愿见到她离去,还是很庆幸,我们终于能找出方法,让她得到她需要的安宁。"

领悟到临死觉知中"和解"的需要,类似某人从濒死经验中"重睹自己的一生飞掠而过"得到的领悟。这两种情形中,病患关注的是人际关系。随着临近终点,临终者似乎意识到他在某些关系上有问题,从而感到悲伤、罪恶、不舒服。为了安宁辞世,他们必须做出和解或修复,无论是通过表示歉意还是表达感谢。有的时候,他是要挽回一个已经疏远的人;有的时候,他是要修复一段很久以前的关系,或完成一些别人认为不重要的事。

想找出病患需要达成什么和解,请试着鼓励他谈谈影响他心理的过往经验,比如曾有什么成就,曾有什么失望。这些经验可以在亲友的陪伴下,以口述方式说出或写成生命回忆录让后代阅读,也可以写成遗书留给子女在成年之后再看。

多数临终者会先列出自己的成就,同时想到自己的失望,例如尚未完成的事、错失的良机或破裂的关系。我们身为临终者的照护人或朋友,若能帮他们回顾以往并且修复受损的关系,就能让他们得到安宁。

多数人临终时会想确认自己的生命意义,或是确认自己对世界或家人的生活有何贡献。我们都可以偶尔检视一下自己的人生,看看自己有什么成就,这样可以帮助我们找出更多的生命乐趣和意义。同时发现自己还有什么"未竟事业"或破裂的关系,趁还来得及时赶快弥补,而不用等到临终时刻。这种回顾,可以丰富我们的生命,预防我们面临死亡时才急着和解。

12 Twelve
被拖住:"我被卡住了……"

刚开始,我们还不太明白"被拖住"的信息与临死觉知到底有何关系。然而,这个信息似乎和先前谈过的许多主题有关,却又不尽相同,所以值得我们另辟一个单元来讲解。

这类信息通常很短,有时只有短短几个字,却能明确表示出什么东西卡住了或病患的前行之路被阻断了,致使他无法安宁往生。

我们再次检视这类信息,发现那些字句尽管与其他类别的信息相似,但是那位病患是被某件未解决的事情"拖住了"。这些尚未解决的问题,经常与"和解"有关——他们必须完成某些重要的事。

临终者说"被拖住了",是希望我们"再看仔细点,某个地方疏忽了"。

◆ 柏莎的故事

照顾柏莎的人很多,七个成年子女、他们的配偶、一大群孙子,还有教会的朋友。窄小的公寓总是挤满了不同的脸孔。这个社区的邻居会在遇到我时,问我柏莎还好吗。尽管这是个贫穷的社区,但是街坊邻居对柏莎投来的爱和关心却相当丰沛。她的病情以预期中的速度恶化,不过情绪一直都很平静安适,所以那天当我看见她既不安又焦虑时,着实吃惊。

"我找不到马饲料!"她抱怨道。

"为什么马要饲料?"

她瞪大眼睛看着我,好像我问了怪问题。

"如果没有先喂它们饲料,它们就不会载我到下一站!"她回答。她的气愤显而易见,但是无法对我解释清楚。

"我了解,"我说,"我会帮忙找到你要的东西。"

我将这段对话转述给柏莎的孙女谭雅,她微笑着说:"奶奶还活在过去,她是在北卡罗莱纳州的山区长大的,那里的交通工具只有马和马车。"

我对她说,这可能是她奶奶在暗示我们,她需要某件东西才能安然离去。

"你觉得会是什么呢?"

"有没有人跟你提过杜威?"谭雅说。

"没有,没有人跟我提过这个名字,"我说,"是你们家族的一员吗?"

谭雅解释，柏莎其实有八个成年的孩子，不是七个。"但是没有人想要把杜威算进来！"她语带厌恶地说，"他只会惹麻烦，进出监狱好几次，让奶奶心碎的次数更是数不清了，奶奶病成这样，这不肖子从没探视过她。反正其他人也不想见到他！他只有在需要什么的时候才回家，他们都觉得他在利用奶奶。我个人认为，他应该是觉得难过吧！他一直寄钱回来付她的医药费，我想他一定是觉得难过。"

我提出建议，柏莎可能需要见到这个浪荡子。一开始，有些家人反对，最后大家还是同意联络杜威，杜威也表示愿意和担任中间人的安宁院志工谈谈。

杜威告诉她，他离家不返，是因为愧于自己为母亲带来的悲伤，也因为他觉得其他兄妹在排斥他。于是，大家开了一场家庭会议，决定"为了母亲，再给杜威一次机会吧"。

这次的重逢实在是纠结人心。杜威用强壮的臂膀搂住纤弱的母亲，开始啜泣："对不起！对不起！"柏莎眼中含泪，摸着他的脸颊说："耶稣爱你，孩子，我也爱你。"

杜威的兄妹对他的敌意逐渐转成容忍，见到他对母亲如此温柔之后，开始小心翼翼地接受他了。

之后的两个星期，杜威和柏莎共度了几个小时的宁静时刻，直到柏莎安适地辞世，她没再提到要喂马的事。

◆ 班恩的故事

班恩以前是市内有轨电车的技工，在病情加重之后，他变得比较需要依赖别人照顾。而他的妻子不停地提醒我们，她也有自己的需求。

"别忘了，我的心脏是很脆弱的！"82 岁的肥胖的露西这么说。

"我从来都不是个坚强的人！"她哭诉道，"医生说压力和忧虑对我不好！我不知道班恩到底要我怎样，他就是这么自私。我自己也不健康啊！"

这时班恩会伤心地摇摇头。

大家都不能了解，为什么露西对临终的丈夫缺乏关爱和同理心，我们为他们安排愈多的护理协助，她就要求更多，对班恩的照顾也愈来愈少。因为露西不太愿意照顾班恩，我们只好建议她请一个专职护士，或是把他送进安宁院。她不接受后者。

"我们才没有那么多钱。"她驳斥道，"而且如果把他送进安宁院，朋友会怎么说我啊？"

班恩使用的象征性语言，呼应了他以前当电车技工的生活。

"那列该死的电车一直开过去，"他说，"不肯为我停下来！""会的，班恩，会的。"我说。究竟还要多久，他才能找到他需要的安宁。我的脑中不禁浮出一幕景象：一个疲惫的老男人，独自站在寒冷的月台上，等候他的那班电车，但是所有电车都呼啸而过，这情景多么刺痛人心。他是多么孤独啊！

无论我们多么温柔地对露西一再说明，班恩的情况很糟，可能不久于人世，她还是很气班恩要弃她而去，所以无法也不愿意替他着想。露西眼中的班恩，只是一个"已经失去理智"的精神错乱的男人。

很遗憾，我们无法攻破她在愤怒之下为自己筑起的心防。每一次企图与她沟通，都会招来她的长篇大论，只顾自己的需要，对班恩相当恼怒。露西把班恩说成精神错乱，就可以为自己漠视班恩病危的态度找到理由，并且摆脱自己的悲伤与恐惧。

班恩既悲伤又无奈，再一次提到电车。

"班恩，那列电车很快就会进站，"我说，"你就能离开了。护士会陪着你，你不会孤独离去。但是露西好像不能了解你的时候到了，而且很难要她留在这里陪你，她可能是害怕吧。社工人员正在和她沟通，也会在你走后开导她，以确保她没事。"

他悲伤地点头。

接下来几天，班恩愈来愈沉默，很少说话。他没有再提到电车。班恩悲伤地、静静地辞世，护士握着他的手，而露西留在隔壁房里看着她的电视节目。

班恩知道我们明白他的悲伤，也会尽力协助露西克服丧夫的悲伤和恐惧，这应该能让他感到安适。这并不是在满足他的需求，而是一种保证，让他能安心离去。毕竟，我们只能提出建议，希望能改善，却不能总是如愿。

班恩和柏莎都是用代表旅行或改变的语词来传达信息，例如："那电车一直驶过去……"或"马儿要吃饲料，才能载我前进"。但是他们真正的信息是"我需要做出和解"。

班恩希望妻子放下愤怒，不要反对他离去，他才能安然辞世。他希望她克服自己的痛苦，不觉得自己被抛弃，能与他一起面对终点站。

而柏莎希望与失去联系的儿子重聚，看到这个家重新接纳他回来，然后她才能安宁离去。

◆ 查尔斯的故事

查尔斯准备好要撒手人间了。18个月来，癌症急速扩散，他受够了导尿管、伤口包扎和止痛剂。他对每一个探病的人表示，他很确定死亡代表安宁车，也能更接近上帝。

"不会一直这样吧，对不？"他问医生，"我已经准备好要安息了。"

"不会太久的。"医生说道。查尔斯听了似乎有点放心，随即又开始迷惘不安。他的妻子不知道如何处理这种变化，来电请我过去看他。

"我不明白他到底怎么了，"她对我说，"一点都不合道理。"

我去的时候，发现查尔斯一副快要发狂的样子，忽而热泪盈眶，忽而怒不可遏，忽而惊恐万分。当我问他怎么回事时，他只变得更加烦躁，并且陷入语无伦次的状态。我们试着为他加大止痛药的剂量，却无济于事，安眠药和镇静剂也一样无效。

我和他的妻子玛莉想尽办法要找出造成他不适的原因，但是查尔斯所说的话少有逻辑可循，只除了一句："我不能走。"我猜想，可能有某件事情，阻碍他安宁离去，但是没有人可以想出，那可能是什么事。

三天下来，镇静剂让查尔斯得到短暂的休息；然而他一清醒，又开始奋力抗拒，胡言乱语。玛莉陪在他身边，希望能帮他减轻一些痛苦,然后有一天,她听到他痛苦地说:"约翰。"这名字让她不安起来。

"他好几年没有提到约翰了。"她说约翰是他们的长子,已经自杀身亡。他在十八九岁时开始酗酒,并且有暴力倾向,吓坏了他的父母。一天,查尔斯看到约翰打玛莉,马上报警。此后,约翰犯下一连串的酒驾和斗殴案例。他的自杀遗书里说,他怪罪他父亲,说都是他造成他第一次被捕,才会继续沉沦,自我毁灭。

"我是想要原谅他的,但是查尔斯绝不原谅他打我,"玛莉说,"他现在为什么提到约翰?"

没有任何迹象表明查尔斯感觉到约翰在场,事实上,在他少有的清醒言语中,他说约翰并没有来过。

他们的家庭牧师猜想,或许是查尔斯想修复他和约翰的关系。也许他想要原谅约翰,也许他想要祈求儿子能原谅他。听到牧师的推想,查尔斯变得更烦躁,而且惊恐。

玛莉和牧师花好了几个小时与查尔斯详谈,企图解开谜团,但是一无所获。直到她提及约翰的忌日快到了,牧师才把这当作焦点,询问查尔斯。最后他得出一个结论:"查尔斯害怕自己若在那天死亡,会遇见约翰。"牧师安慰查尔斯,他死后会得到安宁,而不是愤怒;约翰也可能已经得到安宁,不会再伤害查尔斯或玛莉了。

约翰的忌日愈来愈近,这样的安慰话语,每天都要重复三四次,每次都能让查尔斯冷静一阵子,然后就又激动起来,这个时候玛莉便致电牧师。这种模式,一直持续到忌日过后。有一天,查尔斯很早就起床,虚弱地说他很累,准备要安息了,然后迅速衰竭,他在当天傍晚逝世。

查尔斯的不安,关键信息是"我不能走",或许和他与约翰的不悦记忆有关。牧师对他不厌其烦的安慰正是他所需要的东西,帮助他度过了这个煎熬时期。

◆ 克劳德的故事

"大家总是戏称克劳德有强迫症,"他的妻子艾蜜莉说,"而他只是一个认真谨慎的人,非常注重细节。"

他们的家小巧温馨,一尘不染,证明了他们的生活有条有理。克劳德最喜欢的消遣就是用家中的电脑写程式。

在他患黑色素瘤之前,克劳德是个会计师,平日里工作时间很长,但他还是会挤出一些时间关照社区足不出户的老人,帮助他们计算税和保险费。

"这系统就是这样,让很多人一头雾水。"他说。他是个谦虚、温柔又慷慨的男人,以面对人生的态度来面对疾病:安静、认真、有条有理。

圣诞假期即将来临,克劳德的病况迅速恶化,不知何故,他原有的安稳态度不见了,变得焦躁又不知所措。

"我找不到那个程式!"他说,"所以这个系统无法运算!"

"你会找到的,我们会尽力帮助你。"我安慰他。他和别人一样,没再多说。

我与艾蜜莉谈了很久,我告诉她,这种状况可能是克劳德被什么事情拖住了。

"缺了什么东西,让他无法维持原来的平静?"我问。

艾蜜莉哑口无言,他们的成年子女也无法解释。他们全家人同心协力,支持并帮助艾蜜莉照顾着克劳德。他们照顾得很好,也都已经同意让克劳德"放手去吧",所以实在不知道还有什么没办妥的事。他们也向克劳德保证自己会没事,已经准备好他会离开,而且会团结在一起帮助艾蜜莉。好像没什么事情遗漏。

顾虑家人的生计

克劳德的一位同事打电话来,解开这个谜题。他本来想对艾蜜莉说,克劳德在几个月之前,已经做好准备,可以应付所有的财务问题。艾蜜莉流着泪告诉他,克劳德快要离开人世了。

"怎么这样!"他说,"他是最好的!他还在担心自己撑不到跨年咧。"

"为什么?"艾蜜莉倒抽一口气。

"如果他撑到过完年,就会多出很多退休金让你领取。"他的同事说。

艾蜜莉大吃一惊,她没想到这点。

她和孩子们去对克劳德说,他是最棒的丈夫和父亲,他已经为艾蜜莉计划了一个财务无虞的未来。不过,他继续撑到1月2日,好让艾蜜莉可以领到更多他的退休金。

查尔斯和克劳德都以挫折和不耐烦来表示前行脚步被延迟

了。这种信息就是在告诉我们,他们还缺什么,还需要解决什么,什么把他们"拖住了",这与前面提过的其他主题不太相同。查尔斯被恐惧绊住,怕自己要再一次面对儿子的暴力。克劳德硬撑着不走,是想让妻子领到他更多的退休金。办妥这些该解决的事情,他们就可以安心地辞世。

◆ 比尔的故事

27 岁的比尔因为艾滋病而即将走向生命尽头。自从他对家人公开同性恋的身份,他父亲已经 3 年没有和他说话了。他在 4 个月之内得了 3 次肺炎,没了食欲,也失去活力。身高 180 公分的他,体重不到 46 公斤。他母亲求他回家里住,觉得他太过虚弱,不该一个人住在公寓里。

"我也想,"比尔说,"但是老爸会同意吗?"

"儿子,别担心,"她说,"我会说服你爸爸。"

但是她没有成功。

"如果你要让他搬回家,我会搬出去!"他父亲说。当他妻子说要在星期五上午带比尔回家,那个老男人真的就离家出走了。

比尔并不期待能再多活一天或者两天,搬好家之后,他说:"我现在就可以死了,实在很厌倦这样的生活。"他的身体还算舒适,还有三位朋友在旁,协助他母亲照顾着他。他的牧师每天过来陪他谈话,还带了冰淇淋,想唤回他的食欲。比尔接受他的开导,却不吃甜点。他对牧师提到他和父亲处得不好,于是牧师、比尔母亲和我各自致电比尔父亲,请他过来探视儿子。但是他父亲拒绝了,说他不想再见到比尔,也不想再听到他的名字。比尔听了很伤心,说:"我不知道为什么傻到这样,以为事情会有转变。他明明好几年来都是这样子了啊。"

被挡住了去路

比尔变得更加虚弱,几乎无法说话,只能偶尔对母亲或朋友微笑,或在牧师祷告的时候,牵动一下嘴唇。多数时间他都是静静躺着,看起来很安宁,准备辞世。但是死神就是不来。星期二早晨,他母亲发现他在哭泣。

"老爸挡在路中间。"他有气无力地说。

"你想见爸爸吗?"她问。比尔试着点头。牧师这次不打电话了,直接到比尔父亲工作的地方找他。牧师对他说他儿子快要辞世了,希望他去看看。

"我想他如果没有见到你,是无法安息的。"牧师补充道。但是他父亲断然拒绝。牧师回去对比尔说明的时候,比尔仿佛被乌云蒙住了头顶,整个人哀沉下来。他又撑了两星期,时常在啜泣,不再说话了,只除了那句"老爸挡在路中间"。最后,他疲累到无法撑住,才离开人世。

比尔的丧礼之后,他的一个邻居说:"对一个家庭来说,死亡并不是最可怕的事。亲人之间的离异,可能才是最可怕的。"

◆ 萝丝的故事

萝丝和艾迪是一对感情亲密、虔诚信教的夫妻,所以当萝丝看到艾迪对上帝出现不寻常的敌意时,颇为苦恼。

"爱世人的上帝,怎会让这样的好女人受苦?"艾迪生气起来。

针对这种想法,牧师开导了他,但萝丝怀疑他仍然怀恨在心。她担心艾迪会因此而无法上天堂。

"我需要有人推一把!"她临走的几个小时前这么对我说。

我找艾迪谈,说他对萝丝的关照和支持已让她的临终之路走得轻松多了,然后我问他,还有没有什么事没办妥,因为萝丝的话似乎暗示遗漏了什么。他的回答完全不出我的意料。

"我想她是担心我生上帝的气,"他说,"她一直很虔诚地信奉上帝,我也是,她从来不会怪罪上帝让她受苦或走向死亡。"

我问艾迪能否帮助萝丝排除她的悲伤。

艾迪坐到萝丝床边,摸着她的手,热泪盈眶地说:"听我说,萝丝,我实在是很爱上帝的,他让我们在一起,度过了一段很长的快乐生活。不过我想他明白我为何生气,因为我真不想失去你啊!所以别担心了,甜心,等我的时候到了,我知道他会让我们在天上重逢的!""噢,艾迪!"她微笑着说。不久之后,她就辞世了。我抱住艾迪,他哭着说:"真讨厌失去她!真恨!"很显然,萝丝需要丈夫在愤怒之余,可以继续爱着上帝。据艾迪说,萝丝相信他俩来生还会在一起。

比尔和萝丝都因为需要和解而觉得"被拖住"。比尔需要和他父亲和解；萝丝需要丈夫能保证他和上帝的灵性关系，不会因为愤怒而受损。

"被拖住"所含的信息是："我还需要某事。"即使只是简短几个字，临终者也许是在促请身边的人重新检视那个情况，看有无遗漏。这可能是某些未办妥的事，也可能是需要确信家人已经对他的死有所准备。若能帮他完成这些需要，他就能顺遂地离去。

13
Thirteen
非语言的沟通:"我用行动表示。"

临终者,用很多非语言的方式沟通,我们可以从他们的行为或动作得知他们正在体验什么。例如,他们伸出手、微笑、挥手、点头、努力要说话或想触碰某个我们见不到的事或人。他们可能一直挑剔床单、拉掉床单或想下床。发生这种情形时,他们通常不是受到惊吓,而是一种见证了奇观的喜悦,有时还带着困惑。

虽然那些动作似乎不太正常,也常被解读成意识混乱,它们却证明了,那个人正在体会某种经验。那个"某种经验",就是临死觉知。这些举动就是非语言的沟通。临终者想表示他们并不孤单,已经过往的人会与他碰面。而与他相聚的对象不限于曾与他有过长期关系的人,他可以和任何人相聚。这些举止能让我们对于现世之外的世界有了一点认知,也可以让我们明白从这样的信息中能得到什么慰藉。

◆ 布莱德的故事

聪明、英俊、温柔善良的布莱德在一家大型广告公司担任文案作家。他才30岁，太年轻，不管是因为什么都不应该这么早就死，更别说是这种悲惨的、摧残身心的病。接连被突如其来的各种艾滋并发症袭击的布莱德，各方诊断都直指他确实是这个传染病的初期案例。

六年来，布莱德和男友亚当同居在一栋美轮美奂的社区公寓里，那小城离布莱德在加拿大的父母家有好几千里远。布莱德十年前搬离家，但他还是和父母以及住在魁北克的商业艺术家哥哥里伊维持着紧密的联系。他每星期都打电话回家，每年圣诞节也会回家过节，但是对于自己的性取向则是小心隐藏，也没有说明他和男友亚当的交往情形。

"他们完全不知道我们是一对，也不知道布莱德的病情。"亚当告诉我，"布莱德考虑了好几年，不知道该何时告诉家人我们是同志。他们都是很好的人，很有爱心。布莱德对这件事非常苦恼，怕真相会让家人心碎。"

当布莱德第一次受到艾滋病相关的感染时，他在例行的问候电话里轻微带过。不过他们变得愈来愈关心布莱德提到的各种问题。

"我觉得很奇怪，他怎么总会常生病。"布莱德父亲后来说道，"他以前一直都是个高大又健康的年轻人。"

布莱德的老板知道他罹患艾滋病之后，辞退了他，声称是裁缩冗编。失去工作使布莱德失去了收入和医疗保险的公司补助。

"你能相信这事吗？"亚当愈说愈气，"布莱德在他们公司做了八年，一直都是优秀职员，他们就这样回报他的忠诚吗？他们当然否认是因为他的病或性取向而歧视他。我们也曾考虑，聘请一个律师来处理，但是老实说，我们没有那么多钱请律师，布莱德也病得太重，没精神应付诉讼。我们也不想搞得恶名昭彰。"

亚当是一名有声望的运动记者，在当地报社任职，他无法把布莱德列在医疗保险的眷属名单内，甚至不能请病假来照顾他。他只能尽量多赚一点加班费，才能帮布莱德付医药费。除此之外，他还必须每天帮布莱德换床单，帮他洗澡，助他服药。

"他的医疗费用实在惊人，"亚当说，"光是其中一种药的费用就快要了我的命！我求他坦白对家人说，看看他们能否帮忙，但是他不肯。"

圣诞节到了，布莱德染上肺炎而无法回家，这件事不是他能隐瞒的。布莱德的父母想念小儿子，也关心他的健康，于是决定过来看他。他们从加拿大开车过来，直接去敲布莱德的门，却得到了双重打击。

"当他们听到'艾滋'时，吓得半晌说不出话。"亚当说，"最后他父亲站起来对妻子说'老伴，我想出去走走，要不要跟我一起去'，于是他俩一起走出门。"

双亲的爱与宽容

"我很替布莱德和他父母感到心痛。这件事一定让他们很难过。我也知道布莱德怕他们不会再回来。但是两个小时之后，他们回来了，哭肿了脸，真是悲伤。他们拥抱我，说'如果你们两个都同意，我们想留下来帮忙'。我真是觉得如释重负，布莱德也是眼中含泪。"亚当说。

接下来几天，他们把小书房重新摆设一番，让他父母住下。他父亲致电生意伙伴，说要请个事因未定的事假，他母亲也致电加拿大的邻居，请他们看顾房子，并将信件转寄过来。里伊听到父母的计划之后，说他下星期会开车南下，帮父母多拿一些衣服，还会带一些他的作品给布莱德挂在墙上。

纵使有爱和家人的支持，人还是抵挡不了病魔的摧残。布莱德的病况迅速恶化，他再也无法到诊所看病，家庭医生建议亚当和布莱德的父母考虑安宁体系的居家看护，因为布莱德需要专业人员的定时监护，他父母同意了。

"布莱德病得很重，完全无法独自留在家里。"亚当在我第一次到访时说，"如果不是他父母留下来帮忙，我真的不知道该怎么办，不过，我们都需要专业的协助和建议。"

布莱德很快就瘫痪在床，完全无法自理。艾滋病毒侵害了他的脑，他变得意识模糊，无法说话，可能也失聪了。但他会睁着大大的褐色眼睛，用急迫的眼神瞪着每一个靠近他的人，并随着那个人移动，好像有重要的事要说。

我们假设他还听得见，不停地对他说话，说明我们要做的每一件事情。他很少反应，但我们强烈感觉到他明白每一件事，知道身边有哪些人。

过了好几个月，我更加佩服布莱德的父母了。他们对这种悲惨的命运从不发怒，也不会质问为什么。他们只是温柔地爱着儿子,不知疲倦地满足他所有的需求。因为一起照护布莱德,他们和亚当之间也建立起相互的尊重和情谊。

布莱德愈来愈衰弱,无法吞咽,转从静脉注射液体。我们开始担心,这些从体外注入的液体会延迟他的死亡,延长他的痛苦。

医生对布莱德的父母说,这些静脉注射的液体可能可以延长几天的生命,却不能真的让他受益,多余的液体会造成布莱德已经衰败的循环系统更加紧绷。他建议不要再注射了。对亚当或布莱德的父母来说,这真是个令人苦恼且难以衡量的抉择。

我们对于养分的需求很强烈。我们要存活、要壮大、要成长。当我们要庆祝、要慰劳自己或我们关爱的人时,都是用食物和酒。对于为人父母者来说,这种需求,其实是很深奥的,无论孩子多大,滋养子女往往是父母最基本的天职。扣住食物不给孩子,感觉像是拒绝给他爱、拒绝养育他,而爱与养育正是为人父母最根本的职责。所以,无论临终者是否获益,对于该不该停止打这些营养针,家属都会觉得是个很痛苦的问题。

眼神透露的讯息

布莱德的父母不想停止静脉注射,亚当和医生都同意他们的决定。"这对他们来说,已经够困难的了。"医生说,"继续静脉注射,但把它调在最慢的速度,不会对布莱德造成过多影响,但是如果可以帮到他的父母,就打吧。"

几天后,我去探访,布莱德一眼都不肯看我。无论我多么努力尝试,都无法得到他的注意。他的双眼不动,紧盯着床柱上挂着的静脉注射药袋。

"布莱德,我知道这对你来说很辛苦。"我握着他的手说,"我敢说你已经受够它了,想要赶快把它丢掉,你好像很气这些静脉注射,但是我们把它调成最慢最慢的速度,而非拔掉它,因为你的父母不想停止供给这些液体。但那也是因为他们非常爱你,停止那些注射,对他们来说是个很痛苦的决定。"

我说完后,布莱德的眼光从静脉注射袋移到床对面的墙上,里伊在那儿挂了一幅画,是他几个月前画的炭笔素描。他全神贯注地看着。我之前没有特别注意那幅画,而这一天,那个象征性语言突然敲醒了我。

里伊画的是幅有光影变化的习作,画面上是座古老的石砌拱桥横跨在一道又长又黑的山中隧道,隧道最远那端是极度明亮的白光在闪烁着。

在濒死经验的相关报告中,很多人都提到,他们走过一段通道,彼端是闪亮的光芒,而缓慢临终者也经常有这样的感知。我回到布莱德的身边,再一次握住他的手。

"布莱德,如果你已经想走了,那也是可以的。"我说,"我会对亚当和你的父母解释,我猜你是想要告诉我们这个。"

我们聚集在他的床边,我解释自己对布莱德的行为的解读,我想也许他想要告诉我们,这趟旅程的终点到了。他们哭着拥抱布莱德,亲吻他,同意他放心离去。

"我们爱你,也会想念你的,布莱德。"亚当说,"你已经和病魔抗战很久了,我们都已经做好准备,你可以想走就走了。"

布莱德闭上眼睛，放松下来。

之后的两天，布莱德有时沉睡，有时两眼澄明，视线似乎穿越我们，看到了某个我们看不到的东西。里伊被叫了过来。

每个人都很不安，在布莱德的房间进进出出，大家轮流小睡片刻，坐在他身边触碰他、抚摸他，对他轻声低语，要他放心。于是他在不经意间，从沉睡进入短暂的昏迷，然后静静辞世。他爱的人，都陪在他的身边。

在布莱德的葬礼上，里伊说："我们从小到大，感情都非常亲密，几乎能猜透对方的心思。所以当我知道他用我的画来告诉我们他准备离去，这对我真是意义重大。仿佛在他无法为自己说话的时候，我帮他发言了。"

无法言语的布莱德，还是表达出他意识到死亡将近。而且，在画作的辅助之下，他的照护者理解了非语言信息，提供他所需要的许可，让他安心离去，而且也让那些照护的人有机会做好准备，送他辞世。

我们的一个工作室中，有个中年男子告诉我们，他母亲在前一年去世。中风让她昏迷了好几星期，但是在她过世前，她突然醒来露出灿烂的笑容，伸手想碰某件别人看不到的东西。她双手交叠，喜悦地低头看，好像在摇着怀抱中的婴儿。她就是用那个姿势，脸上带着快乐笑容辞世的。

这幕动人的景象背后，有个故事。中年男子说，他母亲的第一胎刚出生就夭折，她后来生了五个孩子都顺利活到成年。

"我们都知道，母亲曾经失去一个孩子，但是我们都没有去谈这件事。"他说,"从她过世的那个表情看来,我知道她又抱着那个婴儿了!"

知道临终者会和某个亲友重逢,更巩固了我们的希望,爱和重要的关系是永恒不灭的。至亲的死亡之路和死后生活不会孤单,也许是与某种灵体同在,有可能是与至高无上的主同在。想到这些,就能让亲友感到非常宽慰。

◆ 艾伦的故事

艾伦和玛格丽特的婚姻从头到尾都在吵架。我首次探访时,他们正为了她做给他当午餐的汤在争辩。"这是他喜爱的自制蔬菜汤,"玛格丽特说,"他今天早上说要的,我赶紧到店里买材料,然后一整个上午忙着炖煮,结果他尝了一口后,就说不想喝了,说他不饿。你能相信吗?"

我解释,失去食欲,是许多疾病都有的症状,尤其是艾伦罹患的这种癌症,他可能完全没兴趣吃东西。

"噢,好吧。"她说,"我不知道是这样,那没关系了。我还以为,是他故意在找我麻烦咧!"她大笑,然后俯身,抱一下床上的艾伦。

我马上明白,争辩和肢体接触是这对夫妻喜欢的沟通方式。只要艾伦和玛格丽特的距离近到可以碰触对方,他们一定会碰,或是握手或是拥抱,甚至连我在检查、询问艾伦的症状时都是那个样子。我常在探访时见到玛格丽特蜷臥在艾伦床上,读东西给他听,或是和他一起看电视。

就算如此,他们可以为每个东西、每个情况展开热烈争论。他们会争辩艾伦该不该下床、该不该用冰淇淋或苹果酱服药、该看哪一个电视节目。当我提到这一点观察时,她回答说:"我们一直都是这样,我真的爱他,也知道他爱我,但是我们还是喜欢争吵。这争吵从来不会变得凶恶,一点都不严重。有的时候,我觉得那是我们亲近对方的方式。不过,我猜别人会觉得我们这样很奇怪。"

"我试过要停止这样做。他生病之后,我对他说,从现在开始,我们可以照着他的意思去做每件事情,但是他说'听好,你不用因为我要死了,就对我特别好!如果你不再和我抬杠,我就会觉得自己已经死了!此外,我就是爱你现在这个样子',所以我没有改变自己……但是现在,我会让他赢!"

遇见看不见的灵魂

玛格丽特很担心,艾伦并不相信死后还会有个生命存在。"我们结婚这么久,对于这件事,还是一直无法达成共识。"她说,"我每个星期都上教堂,他从来不跟我去。他说他知道,他死后就是完全结束了,而且他觉得无所谓。他对我说'我已经有了很好的人生。我知道你不会原谅我,所以我会继续活在你的记忆里'。"

玛格丽特继续说:"我觉得那样不够。我希望他相信我相信的事,但是他连谈都不愿意谈。"

艾伦从来不谈宗教的事,也不为此与妻子争辩。他排拒了所有神职人员或祷告,好像颇为自在。

到了生命的最后几天，艾伦陷入昏迷，不对任何人说话或反应，就算玛格丽特依偎在他身边，也是一样。

一天早上，我和玛格丽特在艾伦的身旁，他的呼吸突然改变。他睁开眼睛，看着房间内一个远处的角落，微笑着，好像认出了某个人。他坐起来，伸出双手，就这样坐了好几分钟，然后闭上眼，慢慢放下双手，躺下，离开人世。玛格丽特对此感到惊讶不已。

"我本来希望，他只是停止呼吸，轻松离去，他也的确轻松离去，但是这个情形……"她摇着头说，"好像是他见到了某个人，想要拥抱他。他见到谁了？会是耶稣吗？你见过这种情况吗？"

我说我见过类似的情景，然后我们讨论，艾伦有可能见到了谁。后来，在殡仪人员收拾好一切之后，玛格丽特和我一同喝了杯茶，她突然大笑出来。

"那么，这次是我赢了，对不对？"她说，"我跟他说我们会再见面的，但是他说我们不会，因为死后就不存在了，但他显然是见到了某个我们见不到的人，而且现在去到了另一个地方。所以他会等着我，而我届时就可以对他说'我跟你说过了'！你觉得我们到了天堂，还可以继续争辩吗？"

这种见到某个别人无法得见的人并且微笑和伸手触碰的情形，就是一种非言语的讯息，我们在之前谈过"与过往的人同在"。人们会跟超乎凡人理解的某人或某物做出反应。当这种情况发生时，那个人的表情就会像艾伦一样，显得惊奇、认可和喜悦。

◆ 凯伦的故事

艾伦过世好几年后,我接获凯伦来电,她是护校学生,那天看到我对团队报告艾伦的事。她已经搬走,但是她打电话来,想告诉我她母亲在癌症过世前发生的事。她的家人把母亲照顾得很好,直到最后那几天才住进医院,三天之后就往生了。

她的离去其实是预料中的事,家人还希望她早点走,因为觉得她已经被病痛折磨太久了。但是当他们听到她摔下床,死在地板上时,非常震惊。

"你应该可以想见,我们是什么感觉!"凯伦告诉我,"我父亲大哭,怪自己为什么要回家,如果他没有回家,她就不会摔下床。而我姐姐和我愧疚得快要发狂,姐姐也是护士,我们当然都怪自己,没有把母亲留在家里看顾。我哥哥则是对医院员工非常生气。我们全家都失去了理智,护士问我们要不要和医院牧师谈谈,结果牧师是个年轻女人。"

与创造者接触

"我完全知道父亲在想什么,'这个年轻小姐怎么可能懂什么',不过她听着我们大哭大闹之后,问了一些问题,然后让我们继续发泄痛苦和悲伤。过了好一会儿,她才说'你们觉不觉得,她可能是想去某个地方,也许是想去见她的创造者'。

"我父亲很震惊,我哥哥半信半疑,但我马上想到你讲的艾伦的故事。

"我把故事说给他们听,牧师点头,说了另一个她亲眼所见的情景,说临终者会张开眼睛,试着要触碰某个东西或某个人。我姐姐是比我还资深的护士,她想起了也曾见过类似的举动。

"有趣的是,我们都在同一个时候感觉到母亲会摔倒。现在的我们,不再去探讨她为何非得要下床,而是换另一个角度,当她已经准备好要离去,我们也明白,她相信自己是要去见上帝。"

有些病患在临终之时会毫无预警地回光返照,突然凝聚出超人的力量。不幸的状况下,有人就用那股力量离开床而摔倒,而亲友则为此无比愧疚,认为病患的死是跌倒造成的。错愕又悲伤的家人会说:"父亲刚刚走了。他想要下床,却摔倒在地上!我们一直陪在他身边,但我只不过暂时去厨房倒一下咖啡,我很自责,那是我的错,如果我没有离开,就不会发生这样的事!但是,这怎么可能呢?他已经陷入半昏迷状态,过去两天,几乎没有任何反应,甚至无力拿住一杯水。他虚弱到完全无法自己移动!怎么可能爬出床的栏杆?我不明白!这要我怎么活下去?"

请不要假设最糟的状况,最好先问几个问题:

- 临终者试着要做什么?
- 他是否见到某个我们看不到的人或地方?
- 他是不是想要去哪里?
- 是不是有某个人正在呼唤他?

我们当然不是说让临终者跌下床没关系,但没人能解释这种临终时伸出手或爬下床的现象。跌倒可能不是死亡的主因,无论是否跌倒,当时的他可能已经死了。跌倒可能是因为他在临终一刻对于某事的反应。

　　家属应该了解这是值得警惕的现象,而不需要苛责自己。这不是他们的错,也不是他们的过失,因为他们并不知道临终者会爆发出最后的能量,死命出击。最好想一想,在这跌倒的背后隐藏什么重要讯息,才不会疏忽了这一类的非语言的沟通。

14
Fourteen
象征性的梦:"我梦到……"

梦能让人心荡神驰。人们利用做梦与自己对话,他们的下意识提供了一些素材让意识自身去留意。当一个人把自己的梦境描述出来,也是在与别人沟通。

人们产生临死觉知时,会看到别人看不到的地方或某种生命,这就是关于死亡样貌的信息。他们知道自己不是真的在做梦,但这个梦是帮助他们表达临死觉知的另一个重要部分,透露出他们需要什么,才能安宁离去。

我们虽然不是解梦专家,但有许多倾听临终者说梦的经验,所以知道这些梦有其重大意义。

临终病患的梦经常和强烈情感有关,而且含有一些线索,暗示了他们的重要需求。若我们能仔细聆听,就能帮助他们探索那些需求与情感,甚至找出解决方法。

◆ 贝琪的故事

贝琪是知名报纸派驻华盛顿的记者,34岁。她和丈夫约尔一起住,养了两只大狗,它们总是跟着我一路走到卧室,看着我做每一件事,贝琪说它们是在"监督"我。如果我和约尔一起走去书房或到厨房打电话,其中一只会跟着我去,另一只则留在贝琪的床尾站岗。

贝琪是个温暖而机智的女人,尽管精力大不如前,还是相当幽默。不过,在我首次探访时,她显得既焦躁又防卫,她知道自己即将要死了。

"我知道我的状况不乐观了,"她说,"主治医生跟我提了好几星期,要我联络安宁院。我想我大概没救了。"

她表示不太想打电话是因为她以为联络安宁院,会让她不得不谈论死亡的事。

"你知道的,无望与黑暗来临了。"她说,"我能够写出一篇关于别人死亡的报道,我可以查出所有相关细节,包括他们的感觉、他们做了什么,但当这事落在我身上,我一点都不想谈。"

"我们会尽可能帮你舒服地度过这段时期,"我说,"如果你想谈论你的临终,我会奉陪,但我不会逼迫你谈论任何你不想谈的事。"

"那就别谈吧,我们聊天就好!"她说,"我想我们可以谈得来,我的狗都接受你了!"

我哈哈大笑。其中一只狗大声地叹口气,在我的身边坐下,另外那一只把它毛茸茸的黄金色头颅靠在我的裙摆上。

"很好,"她说,"我们会有欢笑,不是泪水!"

梦见采访死亡——反映挫折

我们很快就喜欢上对方。她会问一些关于其他临终病患的问题,譬如去世不久的新闻主播弗兰克·雷诺兹(Frank Reynolds)。她说:"这个问题不要记录,我只是想知道一些背景资料。"

距开始探访贝琪约一个月之后,我察觉到她的异状。约尔领我到卧室去,然后留下我和她独处。

"我最好离开,"他说,"贝琪有些事,想和你谈谈。"

贝琪看起来很严肃,她拍拍床,要我坐在她旁边,然后握住我的手。

"我要告诉你,我昨晚做了个梦,我想那是个梦。我通常不会记住做过的梦,但是这个梦栩栩如生。"她说,"我梦到……我有个录音机……我应该在采访某个人,但我不知道那是谁。那个录音机一直在录……但是我没有录下什么,所以我开始感到心慌。"

她静默了一两分钟,然后说:"我那时突然知道,我该采访弗兰克·雷诺兹,而我不知道该问他什么。醒来之后,我觉得很不舒服,因为那个录音机一直在跑,而我一直想不出该问他什么。你觉得这个梦代表什么?"

"我觉得,你好像自己知道答案。"我说,"可不可以告诉我,你发现的答案是什么?"

"我今天好像什么都说不出来,"她说,"你可以帮我吗?"

"你对弗兰克·雷诺兹感觉如何?"

"噢,他非常优秀,"她说,"他很专业、很尽职,也很有风度。"

"我觉得,如果你想知道什么,并且也有机会打电话,你会想打给他,是这样吗?"我说。

贝琪的双眼闪烁,微笑着说:"这个嘛,他是最棒的,而我当然想要最棒的。"

"那么,你会想问弗兰克.雷诺兹什么呢?"我说。

"这个,你说吧,我突然变得不善言词了。"她答道。

"也许你在纳闷,死亡会是什么样子。"我说,"他过世不久,应该可以给你答案。而且他是你非常欣赏的人,你很乐意从他那里得知真相。如果你对死亡感到恐惧,会不会是想借着访问他,得知死亡有没有什么值得害怕之处?"

贝琪沉默了几分钟,紧紧握住我的手。"但是我现在不是在做梦,他也不在这里。"她的声音逐渐减弱,双眼冷静而且严肃,直视我的眼睛。

"让我试着给你一些答案,好吗?"

"可以啊,但是我不知道应该问什么。"

我要她如果不想听了,随时可以叫我停。于是我开始说明死亡:人通常变得很虚弱,然后陷入昏迷,接着停止呼吸,最后离去。我问她还要听下去吗,她点头。我告诉她,我觉得她的死亡可能会如何,可能也是陷入昏迷,轻松离去。我说很多人害怕死亡,是因为不清楚它的样貌。我对她说明人们对于死亡有哪几种恐惧，尤其是害怕痛苦。我针对她的状况，说明疼痛方面的顾虑，她还是会疼痛，但是我们会把它控制住，就像到目前为止为她所做的。然后，我说有些人想知道死后会如何。

"不，我不会。"贝琪说。

她沉默了几分钟，然后微笑道："谢谢，我觉得好多了。那个梦是我这辈子最好的采访机会，我把它弄丢了，但我还是得到了一些信息。请你解释给约尔听，好吗？"

贝琪再没有提及死亡。那场谈话似乎帮助她找到解答，平息了她的恐惧。

人们可能有类似需求，但他们描述的方式（尤其是描述梦境的方式）可能会迥然相异。

◆ 珍妮的故事

珍妮才9岁，罹患脑癌，即将辞世。有一天，她中风了，造成全盲、瘫痪，自此病况急速恶化。

她父亲马修是外交官，与妻子宝琳来自俄亥俄州的同一个小镇。这十年来，他们很少回家乡，多数时间都待在国外。珍妮生病之后，马修被调回华盛顿。宝琳对于女儿的病持理性务实的态度，在我首次探访时，她说："我只求她免除疼痛，而且可以在家辞世。"他们决定不对珍妮详述她的病情。

有一天早上，我教宝琳如何帮珍妮在床上洗头。珍妮说，她前晚做了一个梦，梦中有几个穿灰色衣服的男人领她到一个爬满藤蔓的大房子。她详述那栋房子：红色的砖，漆亮的木门，藤蔓缠绕在窗边。我询问珍妮的梦境时，见到宝琳开始一步步后退，睁大的双眼满是泪光。她说要去拿些毛巾，便离开房间。珍妮继续描述梦境，我帮她洗好头发，问她，那个梦让她有何感觉。

"我不知道我在哪里，也不知道那些男人是谁、他们要带我去哪里。"她回答道，显得很困惑。

梦见未知的殡仪馆——反映茫然无措

珍妮洗完头发，觉得倦了，于是躺好，准备睡觉。我到另一个房间，看到宝琳和马修相拥而泣。

"她说的那栋大房子是俄亥俄州的一个殡仪馆，是我们想要把她送去的地方。"她说，"我们计划把她葬在我父母家附近的陵园。为什么她会梦到那里？"

宝琳、马修和我一起讨论为何珍妮会做那个梦。他们猜想，也许珍妮刚好听见他们谈论葬礼的事。然后，他们想起来，他们只提过殡仪馆的名字，没有描述它的模样。据他们所知，珍妮对家乡并不熟悉，也没有去过或听过那间殡仪馆。

那个梦到底有什么意义？我建议他们去问珍妮。宝琳担心珍妮会看出她有多难过，而马修担心珍妮会问他知不知道那个地方。我说也许我们可以发现，那个梦为珍妮带来什么感觉，而找出隐藏在背后的感情与意义。

宝琳认为，珍妮看起来疑惑却不害怕。她是否想知道自己会发生什么事？马修和宝琳都同意，也许可以让女儿谈一谈她的困惑。他们问我能不能致电牧师，珍妮很喜欢他，请他来和我一起与珍妮谈话。

第二天,牧师和我一同去探望珍妮。他问她觉得好不好?

"很好。"她说。

"你总是说你很好,但是说真的,你到底过得好不好?"

"我想我觉得愈来愈糟了,"珍妮说,"我看不到,我的右手和右脚不能动,我的左手和左脚也好不到哪里去,我甚至不能抱泰迪。"那是一只玩具熊,就放在珍妮的枕头旁,好让她用脸颊去碰触。

"很多事情起了变化,"我说,"让你觉得你愈来愈糟了,对不对?"

珍妮点头。

"你想知道接下来会怎样吗?"牧师问。

"我想我会死,你觉得呢?"她说。

"这个,只有上帝知道。从你说的话以及我看到的,你可能会死。你要不要谈一谈?"他说。

"要,但是我不知道该问什么,"珍妮说,"我想妈妈和爸爸会很难过,有的时候,他们以为我已经睡着,但我听到他们在哭。""告诉我,你想知道什么。"他说。"喔,我不害怕死,我想我知道那是什么。爱妈妈爱爸爸的我,会上天堂,对不对?"珍妮说,"然后我的身体会被埋葬,但在我死的那一刻,会是什么情况?还有爸爸妈妈,在我死后,他们会好好的吗?"

我对她说明,我认为那会是什么情况:她会愈来愈虚弱,不想说话,不想笑,不想吃,不想喝,然后,甚至不想呼吸,最后停止了呼吸。我告诉她,那不会痛,因为我们会继续用药帮她止痛。她问我们之中有没有人见过别人死，看起来会不会很困难。我们说那看起来很轻松，而且有的时候，好像有一些已经往生的亲友会来陪他一起离开人世。

"没有天使吗？"她问，"我不能有个天使吗？"

牧师哈哈大笑。"珍妮，如果你想要天使，我确定你会有一个天使。"

珍妮继续活了两个月，然后如我们的预期那样离开人世。

后来，宝琳和马修谈起了珍妮的那个梦，说那个梦让他们了解珍妮的需要，还说她在临终前的日子似乎毫不惧怕了。他们很确定，她在和我与牧师谈话之后，完全放下了恐惧。

宝琳亲吻了珍妮的脸颊，对我说："我会把泰迪放到珍妮的棺材里，不过，我知道她不会孤单，因为我很确定，她现在有个天使了。"

确认病患的感觉，例如贝琪的挫折、珍妮的困惑，都可以道出相同的需要——信息，那是我们可以与他们分享的东西。有的时候，梦境的意义，不如我们最初所想的那样，而且其中显示的需要也不一定能达成。

◆ 劳伦斯的故事

68 岁的劳伦斯住在安宁院区等待终点。我帮他按摩背部时，他对我诉说了他的梦。按摩背部是例行的晚安仪式。用湿毛巾为他擦脸和手，然后帮他刷牙漱口，然后就是背部按摩。

"按摩可以缓解我背部的僵硬，让我觉得放松，就能睡得更好。"他说。

尽管那让他放松了,却很少代表他会早点睡,反而是让他话多了起来,常常一聊就是好几个小时,谈的都是他白天没有谈到的顾虑。

"我做了一个很逼真的梦,"他说,"我在一个马戏团帐篷内,高空秋千把我荡得很高,我看见下面的很多人,说着笑着,还有音乐和缤纷的旗帜。但是我一直愈荡愈高,我知道我放开秋千就会荡出帐篷外面,而那里又冷又黑,寂寞又空旷——那里会是什么都没有的地方。"

我们谈到,他觉得那个梦可能表示什么。

梦见高空秋千——反映孤寂

"这个嘛,帐篷底下的那些人,代表着生命的样子,"他说,"就是人群、热闹和温暖、美丽的五颜六色。帐篷外的世界寒冷、孤独、死寂,什么都没有,那就是我死后的样子。我会走进那个寒冷、黑暗的世界,然后消失于无形。"我们谈到这个梦,很多次了。我鼓励他也去和别人谈。

劳伦斯和我描述并讨论他的梦,几个晚上下来,他发现那个梦就是他的人生。他父母很严格,他们感情内敛;他妻子离开他,她说他冷酷、漠不关心;他与两个儿子不亲,住在加州的小儿子好几年才来看他一次,而大儿子虽然住在同一个镇上,却从来没有来探望。劳伦斯没有朋友,只有一些生意上认识的人。

"我刚生病时,他们要秘书寄花给我,不想亲自过来见我。"他说。

我问他如何能让他觉得不那么孤单,他说想见一见儿子。小儿子来了,他们两个别扭地打过招呼后,好像就无话可说了;而大儿子根本不愿意来。

劳伦斯的梦,表面上像是描述对死亡的预期,事实上是描述他眼中的人生。他有能力察觉到温暖和色彩、人群和喜悦,但从来不觉得自己身在其中。他的梦显示出孤寂。经一番思考与讨论之后,他终于说出需要什么来减轻孤寂。很遗憾的是,他想见而且需要他们帮助的人,不愿意来。我们照护着他,感受到他情感上的痛,却无法为他减轻那种痛苦。他就这样维持悲伤和寂寞,直到辞世。

有的时候,梦境会带来恐惧,好好检视那些恐惧是很重要的。

◆ 伊莎贝尔的故事

39岁的伊莎贝尔是名心理学家,有很复杂的生理问题。我多次探访,教她如何控制这些问题。她的神经性疾病已经是末期,恶化迅速,造成她失去工作能力以及大部分的自主权。她的弟弟爱德华是个诗人,搬过来照顾她。

伊莎贝尔常常提及,她的职业让她感到压力很大。

"你不清楚,当个心理学家有多么难。"她说,"我朋友说,我应该懂得怎么应付这件事,但是我和一般人一样觉得难以处理。临终对我来说,是个陌生的经验,我和别人一样感到苦恼和焦虑。就连爱德华也在询问我的建议,但他是应该照顾我的人。"

梦见被活埋——反映恐惧

一天早上,她说:"我需要谈一谈我做的这个噩梦,过去几个月来,每隔几个星期就会梦到一次,实在很恐怖——我梦到被活埋!"

她带着惊恐的表情,描述这个梦。她梦到自己躺在棺材里,没办法出来,却感觉到泥土的重量一直朝着她压下来。

"我醒过来后,觉得很恐怖,所以不敢再睡着。"她说。

通常,梦的最佳诠释者,是做梦者本人。我问伊莎贝尔如何解释那个梦。

"这个嘛,它反映出我的焦虑,这是当然的。"她说,"我害怕殡仪师会在我还活着的时候就把我带走!然后他们把我放进棺材,送到教堂,举行告别式,然后送去墓地埋葬我。可是,万一我还活着呢?!"

"那听起来很恐怖。"我说。

"我不是这方面的医生,"伊莎贝尔说,"我不是很清楚死亡这件事,你们要如何断定我已经死亡?你们怎么能确定殡仪师带走我的时候,我并不是仍然活着?"

害怕被人活埋的恐惧,并不少见。伊莎贝尔知道,她必须放下恐惧,她需要确实地知道我们根据什么标准断定她的死亡,而且她要知道细节。于是我们展开了连续几次的访谈。

第一次访谈时,我首先说明心脏和肺如何停止活动。我们会检查脉搏、检查手腕和颈动脉,然后量血压。我们会听心跳或呼吸声,如果死亡,就不会有声音。我说她死后会被放在家里,停留一个小时左右。那段期间,会出现其他迹象,她的身体会逐渐降温,因为血液不再流通,身体向下的那一面会出现一片片的蓝色斑块。

这些细节,对多数人来说,太过于露骨,而伊莎贝尔就是想要听这些。这些东西,对有像她这类背景的人来说,可能太简单了,但是,与大部分的人一样,伊莎贝尔对于死亡缺乏经验。她想知道我见过多少人死亡,检查过多少刚死的人,我尽可能全盘以告。

"现在我觉得好多了。"她说,"直接谈论死亡,果然有帮助。我想,我的梦是因为对它感到焦虑。也许当个心理学家还不算太坏,至少让我发现自己的焦虑。"

我再次探访时,她弟弟刚好在旁边。伊莎贝尔问我,能不能重复前一次的讨论,这次要有爱德华旁听。所以我们再一次讨论伊莎贝尔的梦以及她害怕被活埋的恐惧。我对爱德华说明如何断定某人已死。

"好了,爱德华,"伊莎贝尔说,"我要你记住这一切,不要急着把我送出家门。我死后,请你务必把我留在家里两个小时以上,别急着送走我。"

接下来几个月,伊莎贝尔每隔几个星期就要我重谈一次这个主题,每次似乎都能让她安心一些。她过世的那个晚上,爱德华看着我检查他姐姐有无生命迹象。我检查完毕收好听诊器之后,他说:"我知道伊莎贝尔现在正监督我们,看有没有按照承诺办事，所以我泡了茶，准备了巧克力薄饼。"

爱德华和我在他姐姐身边坐了两个小时，喝茶，吃饼干，听他说童年的故事。

告别式过后，他说："要伊莎贝尔承认她害怕某事，是很难的。我很高兴她把恐惧告诉了我们，还和我们谈论了这些奇怪的事。一开始对我来说，要把她留在家里两个小时似乎有点荒唐。现在想起来，这只是举手之劳。而且我知道这样能够减轻她的恐惧，也帮助我向她道别，让她走吧。"

临终者的梦可能非常重要，对于那些栩栩如生、重复出现的梦或一系列似乎在进展的梦，更值得留意。

若你认识的某个临终者对你说他的梦，他可能是在困惑于某件他不懂的事，他可能有许多疑问，也有浓厚感情。鼓励他说说细节吧，仔细倾听，请他自己诠释梦境，而不是你自行诠释。最有效的回应是，试着帮他厘清梦里隐藏的感觉。

会把人吓坏的梦可能和他对疾病或死亡的恐惧有关，而充满焦虑的梦可能是因为临终者担心他的家人、担心花费或担心应该有什么安排。如果是困惑难解的梦，这常常暗示了他需要信息。通常光是与他谈论他的梦，就能找出他关心什么、需要什么。

15
Fifteen
选择时机:"时候到了。"

有人知道,他们可以在某些特定情况得到满足之后,走得较为自在;若该条件没达成,他们可能会延迟离去的时间。这情况,与知道自己何时可能会走不一样,有人确实能够知道并且明确指出离去的时日,还有另外一些人,甚至能选择自己离去的时刻。

静心等候亲人归来

有人等待某些特定的人到来之后才撒手西归;有人是在等别人离开,自己才肯上路;有人则是在等待他们最爱的人有妥善的支持之后,才放心辞世。

◆ 约瑟夫的故事

约瑟夫这辈子的成就体现在外交官事业上,四十年来,他被派驻世界各国,然而他从来不骄傲自大。他与结婚55载的发妻多萝西,在6个国家的领事馆官邸里养大了两个孩子。他们学会数国语言,收藏了一整屋子的异国家具与值得回味的人生记忆。

派崔克和凯瑟琳已经成年,各自组成了小家庭。派崔克是老师,住在纽约;凯瑟琳是护士,住在离父母家一小时路程的地方。约瑟夫和多萝西住在木造大宅里,看着这些异国文物,缅怀着在意大利、阿拉伯、英国、日本、中国的旧日时光。

约瑟夫和多萝西喜欢在散步之后待在家里。他俩都酷爱阅读,她喜欢看小说,他喜欢看政治历史题材。冬夜,他们会坐在书房里劈啪作响的壁炉旁,你一言我一句地聊着好久以前派驻国外的往事。

约瑟夫在65岁时退休,三年之后,他被诊断出罹患肺气肿和心脏病。这两个疾病都没有危及生命,然而接下来的九年,病况愈来愈糟,他的体重愈来愈轻,人也愈来愈虚弱,喘不过气的症状益发严重,他变成完全需要依赖多萝西了。尽管他以前能够搭乘海空运输横越世界各国,现在,他的世界缩小成只有二楼的卧室那么大,只能翻看《国家地理杂志》。由于必须绑着氧气筒,他甚至不能到书房的壁炉边和多萝西一起看书聊天。

约瑟夫不愿意接受残疾者的外表,他这一辈子都穿戴得光鲜亮丽。起初他还是坚持要多萝西帮他穿衬衫、打领带,西装裤烫得笔挺,挂在桃花心木的衣帽架上,鞋子也用鞋油擦得发亮。

她需要一个帮手

约瑟夫的病情每况愈下,凯瑟琳和派崔克开始担心,父亲的病会对母亲造成过重的负担。这间老房子的厨房和卧室之间印下了来回奔波的足迹。约瑟夫完全不会抱怨,但是他不放心妻子必须经常上下于两层楼的楼梯。

"我们一定要想个办法,"他对凯瑟琳说,"她需要一个帮手,这负担对她来说太重了。"

凯瑟琳联络当地安宁院,希望他们收容约瑟夫,但他们要他出示一份医生证明,说他最多只有六个月可活。约瑟夫的医生虽然同意他的状况愈来愈差,也明白他家人的顾虑,但是他无法写出一个确定的存活期限。

"他已经恶化了这么久,但是他还是可以像这样子继续活许久的时间。"家庭医生对多萝西和凯瑟琳说。

多萝西雇请了一位私人看护,每个星期来三次,协助照顾约瑟夫,并帮他洗澡。主要的担子还是落在多萝西身上。孩子们都住在其他州,有全职工作和自己的生活,但是约瑟夫的情况也渐渐影响了他们。每个孩子都觉得,需要做的事情太多,怎么也做不完。

约瑟夫已经瘦到皮包骨,脸颊凹陷,双眼突出,简直像极猫头鹰了。由于他的体脂肪已经消失,骨瘦如柴的他,看来不只像一具骨架,且容易产生褥疮。因为骨骼缺乏运动,直接压迫着皮肤的软组织。约瑟夫从来就不是个胖壮或健美的男人,现在显得更纤弱了。

"当我帮助他下床的时候,他的骨头又细又小,好像一不小心就会被我捏断一样。"凯瑟琳说。

他继续一点一滴地衰退下去。他不再穿戴正式了,好像也不再怀念那个习惯,他愈来愈少坐到卧室窗边的椅子上,也不读《国家地理杂志》了。他很容易疲累,陪一下孙子就足以让他筋疲力尽,然而他不想独自留在家里,他常呼叫多萝西过来,问他需要什么时,他会说:"别说话,坐在那里就好。"有一次凯瑟琳来探望他时,他急迫地抓住女儿的手。

"我不会好转了,"他说,"我快要死了。"

"我明白,爸爸,"凯瑟琳说,"我明白。"

我可以躺下了

星期日下午,凯瑟琳一如往常前来探望父母。当见到父母时,她开始不安了。母亲是个容易神经紧张的人,而父亲已经卧病在床好几天了,有吞咽困难的问题。凯瑟琳致电主治医生,问他父亲是否快要辞世了。

"有可能,"医生说,"你父亲的身体状况非常虚弱。话说回来,他这么虚弱的情形也持续很久了,很难断定他还有多少时间可活。"

凯瑟琳觉得两难,她是护士,很熟悉疾病时好时坏的情形,就像她父亲这样。但是她也担心自己的家人和工作责任,她决定回家。

在她开车回家的路上,愈开愈心慌,她开始担心会错过父亲人生的最后一夜。同时,她想起一些实际的问题:第二天一早她还需要工作,她的青春期孩子也需要她的照顾。她真希望有人能指点她应该怎么办。

凯瑟琳回到家,走进客厅时,孩子看出她的心事,女儿快刀斩乱麻地说:"如果你想要愁云惨雾地看待这件事,妈,你到了那里,一定也是这个样子的。此外,姥姥应该会喜欢有人做伴。"

这正是凯瑟琳想听的,她包了换洗衣物,开车回父母家,计划在那里过夜,然后隔天早一点起床,照常去上班。她开门进去的时候,多萝西跑过来抱住她。

"真高兴你回来了!"她母亲说,"我不想要求你留下,但是我一整天都觉得很紧张。你父亲有点不一样了,真希望我能说清楚。"

到了楼上,约瑟夫看到凯瑟琳回来,似乎有点惊讶。她为他抚平枕头,亲吻了他。

"嗨,老爸,"她说,"我决定今晚住在这里,妈才不会太孤单。"

父亲放心地微笑,伸手要握她的手。

"好,现在我可以躺下了。"他说,闭上眼睛。

凯瑟琳听了有点困惑,因为他已经卧病一星期了。她帮他裹好被子,然后到楼下与母亲喝茶。

"我从来没有见过爸爸意识混乱,他刚刚说'现在我可以躺下了',他不是已经躺着吗?"她和母亲坐在厨房料理台旁,放松喝茶。

"也许他在说梦话,"多萝西说,"我们两个都累了,今天晚上好像一切都没什么道理,我们去睡一觉吧,也许明天早上精神会好一些。"

隔天早晨,天刚破晓,多萝西醒了过来,她听到约瑟夫试着下床的声音。

"约瑟夫，你想要干什么？"她问道。

"我想躺下来！"他急切地说。于是她起身安抚他，劝他躺回床上。

"你没事的，"她说，"你现在已经躺着了。"

他谢谢她，所以多萝西躺回床上，继续睡。过了几分钟，多萝西又醒了，她听见约瑟夫最后的急促呼吸声，她呼叫隔壁房间的凯瑟琳过来。

"快点过来！"多萝西大喊，"噢，我的天哪！我想他快走了……不会吧？会吗？"

凯瑟琳检查了父亲的脉搏，然后抱住母亲。

"妈，他走了。"她说。他们在他身旁坐下，紧紧拥抱对方。

"他离去时，我怎么可以睡着？"多萝西说，"早知道，我会一整晚坐着陪他。"

"妈，我相信你会的，但是他知道你就陪在他身边。"她说，"你也知道，他会担心你一整晚坐着，他从来都不喜欢大惊小怪。"

生者相互支持与陪伴

母女俩静静坐着，破晓的日光洒进屋里，照亮了书架上那本黄色的文件夹，里头是《国家地理杂志》。

"昨晚，我想着爸爸对我说的话，"凯瑟琳说，"当他说'现在我可以躺下了'，不是在说要躺下休息，而是表示他要放手走了。他希望我回到这里来，你才不会在他走时太过孤单。而他的死，就跟他活着的时候一样，平静又安宁地保护着我们两个，那是他最后能做的事。"

在父亲的告别式上，凯瑟琳对一位同事提到，她对于他最后一句话的反应是多么讽刺啊。她说她错失了父亲想表达的真正讯息，亏她还是个经验丰富的护士呢。

"如果我的某个病患对我说'现在我可以躺下了'，我可能立刻察觉到他的真正意思，而那句话是我自己的爸爸说出来的，我却察觉不出真正含意。"她说，"但是还好，我至少去到那里，让他可以放心离去，知道届时我会在场帮助我妈妈。"

等待迟来的爱与懊悔

约瑟夫等待女儿回来，因为他知道她会在他死时支持他的妻子。有的时候，人们为了其他原因而等待，也许等待某个孙子的诞生、某个孩子的毕业或是等待某个亲友前来告别。

◆ 海若的故事

海若罹患卵巢癌，即将死去。她有三个女儿。长女黛比已婚，住在数里远的地方；次女苏西 25 岁，还住在家里；幺女辛迪被父母描述成"问题小孩"，她 18 岁离家当演员，让海若和丈夫唐恩非常担心。辛迪从不写信回家也很少打电话，她偶尔回家时，也不事先通知家人，而且相聚往往演变成她和母亲之间的争吵。辛迪认为，海若既爱控制又爱批评；海若认为，辛迪缺乏爱心而且不负责任。

"她们的问题在于，"唐恩说，"她们都是好强、聪明、感情丰富的女人，而且一样霸气。这对我或另外两个女儿来说并没有造成问题，我们任由她俩发飙。她们两个碰在一起像刀剑相碰，互不相容。辛迪最恨别人说她像母亲，她觉得那是一句非常恶劣的侮辱。"

当医生们说海若不久于人世，她和唐恩便把此事转告黛比和苏西，而她们也誓愿会尽全力，让海若舒服地走完人生的最后一程。她们通知住在纽约的辛迪，辛迪听了虽然流泪，却保持冷静……直到唐恩和海若问辛迪，在母亲辞世之前，她要不要回家住几个月。"我才不要！"辛迪大喊，用力挂断电话。几分钟过后，她来电说会回家一趟。

给问题女儿表达爱的机会

接下来几个月，辛迪回家好几次，每次与母亲相处的时间都和以前一样短。对于这对关系有问题的母女，心理咨询师开导了海若，但是辛迪对于咨询师好几次提出的建议或协助却一概拒绝。

原本缓慢恶化的海若，有天早晨起了变化，她突然出现心脏衰竭的迹象，死亡迫在眉睫。她决定搬进安宁院区。等待救护车的时候，唐恩致电三个女儿。黛比和苏西回家一起等救护车，但是，辛迪要到当天晚上十一点才能到家。

海若失去意识，她的血压非常低，脉搏非常微弱，呼吸几乎听不见，她似乎撑不过下午了。我们要唐恩、黛比和苏西继续对她说话，告诉她辛迪正在赶过来。就像多数的家属，说了几句"我爱你"和"谢谢你"之后，他们就不知道该说什么了。

我建议："你们可以对她说一些你们一家人的共同经历。"唐恩和女儿们一点就通，他们坐在海若的床边，开始聊起往事。

快要十一点的时候，辛迪满头乱发地出现了，她的爸爸和姐姐们上前打招呼，拥抱并亲吻了她，然后腾出一个位子，让她坐在母亲身边。她亲一下海若的脸颊，握起她的手，啜泣起来。几分钟之后，她向苏西要一些面巾纸，黛比拿一杯茶给她喝，她也对黛比点头致谢。待她坐定，听着唐恩把往事重提一遍，她也想起了自己可说的故事。她想起小时候两位姐姐离家上大学，海若就会带她到外面吃午餐。

"我没有告诉过她，那让我觉得多么特别啊。"辛迪边说边啜饮着茶，"而且我也没有告诉她，当别人说我像她时，我感到多么光荣。我一直对她很坏，现在，道歉也来不及了。"

"护士告诉我们说，她也许可以听见我们说话。"唐恩说，"她也许能听到你刚刚说的话，要不要再对她说一次？"辛迪深深吸口气，看着母亲的脸，重复说了一遍。凌晨 2 点 30 分，海若的呼吸变得很不规律，唐恩和三姐妹挤到海若身边，他们握着彼此的手和海若的手，海若缓缓吸了几口气后，停止呼吸。她的生命，在平静祥和之中画下句点。

我们不知道，海若在丈夫和女儿对话时听到了什么，也不知道她是否等待着辛迪抵达，然后再多撑一些时间，让"问题女儿"有机会表达她的爱和懊悔。我们只知道，原本没希望活过下午的海若，活到了隔天早上。在这之间，辛迪得以疏解她的痛苦,否则她会更加悲恸。

刻意支开至亲

像海若这样的故事,其实很多。某个临终的女人,等待着女儿从欧洲回来;或是某个临终的男人,等待妻子从另一个县市回来,因为她去照顾另一个生病的亲戚,他说:"我不应该要求她同时应付不同地方的危机。"然而,我们也见过其他例子:临终病患等待至亲离开。

而卡西的故事则提供了另一种选择死亡时机的范例:他们希望至亲不用承受送他们离去的痛苦。在这之中,还是存有重要的讯息,值得护士或其他专业照护者留意。

◆ 卡西的故事

卡西是名个性独立、很有天分的舞者与舞蹈老师,且是个有强烈抱负的作家。卡西长了脑瘤,发现时,她才新婚三个月。这消息宛如晴天霹雳,震惊了她和年轻的丈夫以及她的父母。

她母亲是食品工业方面的研究科学家,她请了事假来帮助照顾女儿。母亲对卡西的影响很大,母女俩的关系非常紧密。

我对卡西进行首次探访时,她很清楚自己要达成两个重要目标:她要庆祝结婚一周年纪念日,还需完成一本书,内容是比较20世纪早期编舞家的不同风格。就在生病之前,她刚完成了对过去的编舞家如邓肯等的研究,现在只想将她的研究撰写成书,让舞蹈新人或外行人也能明了。

听到她这么说,我的心为之一沉,以她现在的病情看来,她似乎不可能达成这两个目标。卡西不太可能活到六个月后庆祝结婚纪念日,更别提写出一本书了,她岂有那种精力和专注力。不过,我从经验得知,当临终者立下明确的重要目标时,多数都能达成。

"谢谢你让我知道你的目标。"我说,"我们开始努力吧,有很多事情要做。"

她微笑了。

两个目标激励求生

卡西的父母雇请私人看护,从早到晚都有人照顾卡西,让她的丈夫得以继续工作。卡西瘫痪在床,全盲,生活无法自理,需要完全的照顾,但仍保有坚强的意志与意想不到的风趣。虽然卧病在床,卡西的家,常常爆出一阵阵的哄堂大笑。

因为是脑部疾病,卡西经常想睡,清醒后,她的思考过程变得片片段段。所幸母亲愿意坐在她的床边,对她说:"卡西,我可以写下你口述的东西。"于是,就像开关打开一样,卡西非常清醒地说出她的想法,方便母亲整理并整合她的研究。

"你看起来很累了,"她母亲会这么说,"我们今天到此为止吧。"

然后,卡西的思考和言语又变成片片段段,再次陷入迷惘。

神奇的是,卡西真的完成了原稿,且在逝世前获得出版合约。同样神奇的是,卡西活到了结婚纪念日,办了一个美好的庆祝晚会!

卡西的目标都达成之后,我们准备好要送她安宁辞世,因为大家都与她建立起深厚的感情。我们很难了解,她病得这么重,到底是什么拉住了她,让她迟迟不走,她的生活品质这么差,我们都看不下去了。

免除白发人送黑发人

她母亲即将去欧洲,领一个颇具声望的奖,她父母对这趟远行相当苦恼,卡西很有可能在他们离开的时间内辞世。卡西神智清醒的时候,求他们由她决定这件事。

"我要你们去。"她说,"妈咪去领这个奖,对我来说很重要,这是她千辛万苦的努力。"于是他们一同决定应该去领奖。

由于母亲在卡西的人生中扮演了举足轻重的角色,我开始怀疑,会不会是卡西觉得,母亲可能不希望她离去。

我们在安宁院没有见过这样的例子,但临终者希望父母离开,自己才能死得轻松些,这也是正常的。这种情形有点像是,孩子靠直觉感到父母可能会阻挠他们安适离去;再不然就是,他们不希望白发人眼睁睁地送黑发人离去。那对父母来说,太痛了。

我觉得,卡西的父母前往欧洲,是卡西所需要的。她不但不希望母亲留在她的房间里,也不希望母亲留在她的公寓里或留在她住的城市里,非得要母亲去到欧洲那么远的地方,她才能安心辞世。

卡西与父母眼泪汪汪地道别之后,她父母启程前往欧洲。但是卡西还是没有撒手离去,护士们想方设法探知卡西还需要什么,但她已经无法说话了。

突然间,卡西毫无预警地离开人世,而我们隔着一层玻璃,看得清清楚楚:日班护士看见夜班护士手忙脚乱地推着工具车过来,于是赶紧跑去帮忙,留下卡西一个人在房间里,也许只有短短的三分钟,但可能是她这几个月来唯一的独处时刻。她就选择在那个时机辞世。那时她先生在慢跑,她父母在欧洲,而且两个护士都不在床边。

回想之下,我们终于明白,卡西送给她关爱的人的最后礼物,就是避免他们伤痛,同时卡西也表现出自己的坚强意志——选择独自辞世。

这故事中透露的重要信息,希望护士和其他医护人员都能够了解,那就是有些病患还是会想照顾我们的,即使我们觉得那不是他们的责任。卡西的护士们愈来愈喜欢她,她也愈来愈喜爱他们。这么久以来,他们把她照顾得无微不至,于是她在辞世的时候,也选择照顾他们。他们都是被爱、被照顾、被免除苦痛的人。

提供临终时机的人选

有的时候,临终者等待某个时机,但是他们选来提供这个时机的人，并不一定是家人。

◆ 琴恩的故事

琴恩是个作家，直到她被纳入安宁疗护的两个月之前，她都还在工作。她很清楚自己的心愿：她不要进一步的治疗，也不想再进医院。她只想尽可能舒适地度过最后余生，利用最后的时间写作，并探索最近才信奉的基督教信仰，还有，她要在家辞世。

但那正是她主要的挂虑。琴恩担心她在家辞世会对挚友芭芭拉造成很大冲击。芭芭拉和琴恩住在一起已经 12 年了，琴恩害怕她在这个房子辞世会让这个地方成了芭芭拉难忍的痛苦记忆，她不想让芭芭拉看着她死。

芭芭拉坚持要顺着琴恩的心愿，让她在家辞世。虽然她承认自己需要建议和协助，但她会努力调适。

我们三人针对此事作了许多讨论。我说，当某个病患的死期近了，安宁院员工通常会说："有人这几天会走……"

在这期间，家属可能需要和安宁团队联络，寻求情感上的支持，学习更多的技术。安宁护士通常都能指导家属习得所需的技术，有的家属会选择雇请额外的护士。

琴恩和芭芭拉同意在接近终点时雇请一位护士，提供 24 小时的照护。如此一来，芭芭拉就能随时有人支持。琴恩问我，能不能去当那个在她死时支持芭芭拉的护士。我无法答应，因为在她死的时候，在场的比较可能是私人护士。

琴恩大约在被纳入安宁疗护体系六个月后，病况迅速恶化。

她很快就无法下床；没有食欲，水分消耗量减少到近于零，同时，她对外部世界愈来愈没兴趣。

她变得更加虚弱，护士们帮她洗澡、润湿口腔、注射止痛剂，每隔几个小时帮她翻身一次，避免肺部积水。

某个星期五，琴恩向芭芭拉、哥哥、拉比和我道别，然后陷入昏迷。

隔天早上，我进去看看琴恩和芭芭拉的情况。当班护士认为，琴恩显得颇为舒适，她的疼痛似乎控制住了，呼吸平静而且顺畅。

"琴恩，最困难的部分已经度过，"我说，并且亲吻她的脸颊，"现在开始会比较轻松了，你如果准备好了，随时都可以离去。我去一下隔壁房间，和芭芭拉说说话，我离开之前，会再来看你。"

然后我留下琴恩和另一位护士，和芭芭拉到客厅去。我们谈话的时候，琴恩走了——如她所愿，在家辞世，芭芭拉在就近而不在房内，而且有我在那儿，支持着芭芭拉。

我的第一个反应是罪恶感："我应该叫芭芭拉待在她的身边的。"当然，重要的不是我想怎样或我认为应该怎样，而是琴恩自己想要怎样以及她认为怎样对挚友芭芭拉比较好。当她知道我在场支持着芭芭拉时，琴恩选择了她的死亡时机。

不忍至亲继续承受照顾的重担

这似乎说明临终者为何选择某个辞世的时机，因为他们不想让最亲近的人承受那种目睹他们辞世的伤痛,或继续背负照顾他们的重担。

◆ 碧翠丝的故事

碧翠丝是个六十五六岁的老妇,因为淋巴瘤而面临死亡。她丈夫这几年来健康不佳,他可以在情感上提供支持,却不能提供她生理上的需要。于是,碧翠丝的妹妹艾格妮丝从缅因州飞过来帮忙照顾碧翠丝。碧翠丝觉得这样的安排不妥当,因为艾格妮丝的丈夫身体很差,而且非常依赖艾格妮丝。

"我不知道我们到底应该怎么办,"碧翠丝说,"艾格妮丝应该回家陪她丈夫,如果她在这里,她丈夫出了什么事,我会觉得都该怪我。她自己也不年轻了,而且她这一辈子都在照顾别人,这样真是不公平。我真是替她担心。"

碧翠丝的病情很重,但是她应付得相当好。在别人的帮助下,她能够每天下床,自己穿衣;她饮食正常,也没有不适。看起来,她恶化得很缓慢,医生觉得她应该可以继续活好几个星期,甚至多活一两个月。但是,碧翠丝不乐意听到这个消息。

"我只想赶快结束,"她说,"我不想再拖下去,这样对大家来说都太累了,尤其是我妹妹。"

一天晚上,我接到碧翠丝丈夫的来电,说:"今天下午,艾格妮丝因为盲肠炎被送进医院,动了手术,医生说她现在状况很好。"

"我很遗憾听到这事。"我说,"还好,她现在状况不错。你和碧翠丝的情形如何呢?"

"朋友和邻居都来帮忙,我们过得还不错,"他说,"但是碧翠丝很担心艾格妮丝。"

我说,我可以安排看护过去照顾,但是他拒绝了。

"我想就维持原状吧,我们已经经历很多变化了,"他说,"如果还要习惯陌生人,会让碧翠丝更不舒服的。"

我建议三天后的探访,现时我们再和碧翠丝讨论这件事。

隔天早上,我大吃一惊,因为接到一通来电,碧翠丝的邻居气急败坏地说,她前晚睡在碧翠丝家里。结果今天早晨发现她过世了。据她所见,她认为碧翠丝在睡梦中安详死去。我请她把那晚的情形回想一遍。

"一切都显得正常。"她说,"碧翠丝一直说她很担心她妹妹,但是她晚餐吃得不错,然后吃了药,上床睡觉。我瞄了好几次,她似乎睡得很安稳。我是个浅眠的人,而且就睡在她的隔壁,但我没有听到任何声音,真不敢相信。"

我到他们家的时候,碧翠丝的丈夫含着眼泪递给我一张纸条,是他在碧翠丝床边桌上发现的。

"别忘了帮艾格妮丝订机票。"纸条上写道。

"不知道她是什么时候写的?"他摇着头说。

碧翠丝选择了一个特别的时机离去,不要大家为她的事忙碌。她的丈夫并不孤单,邻居就睡在他们屋内;她妹妹也很安全,有医院的照顾。碧翠丝用这种方式辞世,让她的妹妹再也不用照顾她。巧合吗?有可能。还是,这是碧翠丝送给所有她爱的人的最后的礼物，免除了他们的负担。

心有所属的辞世地点

还有人安宁辞世所需的特别条件，是地点。

◆ 露易丝的故事

露易丝60岁，安静端庄，是个快乐的妻子、母亲与家庭主妇。我们从她的婚姻、已成年子女以及一个美丽的家，看得出她为此付出了多少的时间和爱。她的人生在各方面都很成功。

理查即将退休，所以他和露易丝卖掉大房子，买下一间昂贵地段的市区公寓。某种意义来说，就像是人生的新开始：没有子女负担，生活空间大了许多，还可以把只有墙壁和地板的空屋布置成一个像样的家。

露易丝投入全副热情与精力，仔细装潢布置。虽然没有做完，但是已完成的部分简直可以和室内装潢杂志的图片媲美，实在美不胜收！

露易丝开始喊累的时候，理查要她放轻松，慢慢来。她照做了，却不见改善，于是理查带她去看家庭医生，并且做了检查。几个小时之后，医生来电说要见露易丝。

"露易丝的血球计数有严重的问题。"他说，"你应该马上带她去医院，我会到那里见你！"进一步的检查，确认了他一直担心的事：露易丝有急性的血癌。她马上住进医院。

化疗相当累人，但是露易丝以一贯的态度接受它：安静、端庄。有时她也会对理查说："我但愿能回到自己的房间，睡在自己的床上。"

每次当她似乎改善得不错可以出院的时候，却又会发生一个并发症状，这使得她必须延期出院。

露易丝请理查把公寓每个房间的照片带来给她，好给护士看。"这样我才不会忘记自己布置到哪里了。"她解释道。

她女儿带了一些布料和壁纸来给她。但是，她很快就变得更加虚弱，连这样的一点小乐趣也难以享受。医生告诉理查和露易丝，说治疗对她没有产生效果，她恶化得这么迅速，如果继续治疗，恐怕导致死亡。

理查和子女热泪盈眶，与露易丝一同讨论这件事情。

"带我回家，"她说，"我要睡在自己的床上，回到我美丽的家里。"

理查请安宁院帮他准备露易丝的返家之行，他希望救护车抵达时护士已经等在家里，确定一切准备妥当。看护和我，隔天才到，但是离我们预定的时刻还有一段时间。我们到处查看之后，称赞理查，说他对露易丝回家准备得很好。每一件事都井然有序，小至冰箱里存了露易丝最喜欢的冰淇淋。他虽紧张，但觉得如释重负。

救护车的随车人员抬着露易丝坐升降机而下，然后进入公寓的玄关。她的双眼突然一亮，环顾四周，露出灿烂的笑容。

"请你们抬我到客厅去，好吗？"她轻声询问救护车的随车人员，"我只想在那里待一会儿。"他们微笑点头。"可否再抬我到用餐室去?"她羞怯地问道。然后是厨房、藏书室、阳台、书房和每一间卧房,露易丝一间一间审视。为了迎接露易丝返家,理查特地用花朵装饰了每一个房间。她很高兴终于能躺在自己的床上了,她满心欢喜地叹了一口气。

"我亲爱的理查,"她说,"非常感谢你,这一切真是美丽!"她把他的手拉到眼前,亲吻它。

看护坐在露易丝旁边,理查和我到厨房去,我要把他需要的信息完全提供给他。过了一会儿,看护冲进厨房。

"快来,"她说,"我想她快走了。"

我们三个人回到卧室,露易丝已经辞世,脸上是灿烂的笑容。

避开平日时段辞世

也许有人会想,无论有何安排,露易丝都会在那个时候辞世。话是没错,她病得这么重。我们觉得,露易丝知道自己快要走了,也很清楚自己想回到美丽的家,并且最终达成了心愿,选择最佳时机宁静且安详地辞世。

◆ 茱蒂的故事

茱蒂17岁,罹患血癌。她想读完高中,但她可能活不到毕业。她的父母,约翰与玛莉恩,希望她继续坚持下去。

一天傍晚，约翰来电，说茉蒂问他某个人从逝世到举行丧礼需要多少时间。他和妻子避而不答，不想助长茉蒂的负面想法。

"我想我们不应该回答她，但这样也不妥当。"约翰说，"你觉得她为什么要问这个问题呢？"

我建议他们说出真相，然后温柔地问她，为什么要知道这个呢。

"保持开放态度，"我说，"尽可能回答她的问题。"

约翰向茉蒂道歉，表示他不该逃避问题，并且说通常某人逝世之后，过两三天才会举行告别式。

"你为什么想知道？"她母亲问她。

"我不想给同学们造成麻烦。"茉蒂说，"现在大家全神贯注地用功读书、申请大学，如果我的丧礼是在一星期中间那几天，一定会影响他们的学习。所以我想星期五最好。他们可以放学之后才得知，而你们也可以利用星期六集合所有亲友。我们可以在星期日举行告别式，我的朋友们就不必向学校请假了。"

当晚，约翰把这段对话转述给我。我问他对于茉蒂的回答有何感想。

"这个嘛，玛莉恩和我实在都无法相信，为何茉蒂能这么冷静地谈论自己的死亡和告别式。"他说，"她好像一点都不难过，为什么？"

我说，那可能是茉蒂对于辞世感到很自在，而且她很可能真的把离去的时间控制在星期五。

"对于礼拜日举行丧礼，你们的教会，有什么想法呢？"我问。

"我不记得他们曾经在星期日举行过丧礼，"他说，"你认为我应该去问牧师吗？他会不会认为我脑子有问题？"

我鼓励约翰和牧师讨论这件事，他说会尽一切可能帮忙，包括星期日的告别式，如果那是茱蒂想要的。

几个星期之后，茱蒂在星期五的正午之后辞世，没有人感到意外。校长集合高年级学生，告知他们茱蒂已经辞世。那个周末相当平静，的确按照她的计划进行。约翰和玛莉恩好像接受了女儿谈论死亡的冷静态度，并且为她能替周遭的人着想而感到无比光荣。

避开特殊节庆辞世

我们所有的人都有一些重要的日子：生日、周年纪念日、节日。临终者经常会考虑等重要日子过去之后才放手辞世，免得破坏了家人过节的气氛。

◆ 艾尔的故事

艾尔是个坚韧不拔的50岁男人，从他疲惫的双眼和满是疤痕的身体，就足以看出他这一辈子是多么辛苦才走过来的。他是个工人.他四年前结婚的妻子克莉斯朵是五金店的店员兼餐馆服务生，她喜欢和他一杯一杯比拼酒量，也喜欢煽动他秀出海军时期的刺青。

她，也一样看得出，曾经度过坎坷的人生：她的婚姻破裂，咬着牙一个人抚养小孩，濒临贫困边缘。但是他俩遇见了对方，然后同居，终于结婚。他们的婚姻幸福，如胶似漆，并且珍重着他们的小公寓里仅有的一点点财产。

艾尔罹患肾脏癌，接受过不少的手术与治疗，但他尽可能增加工作时间。他愈来愈衰弱，日益消瘦，昔日的钢铁人而今已消失无踪。虽然身体不再强健，他还一直忧虑着要如何在工资减少、医疗账单增加的情况下维持生计。克莉斯朵这时会用胖胖的手臂抱住他。

"别担心了！宝贝。"她会这么说，"有了克莉斯朵，包你什么都不缺。"

她在五金店，每星期工作40小时，然后再到24小时的餐馆当服务员，这样一星期就能多出20小时的工资。他们是需要钱，但她又担心艾尔一个人在家。有一天，她担心的事情发生了，她下班回家时，发现艾尔躺在地上——他从沙发上跌落，却爬不起来，只好躺在那里等待克莉斯朵回家。

"决定了！"她毅然决然辞掉两份工作，坚持不聘请额外的看护，也拒绝朋友或家人提供的帮助。

"他是我的男人。"克莉斯朵说，"我会自己照顾他！我们以后再担心钱的问题，现在的他，需要的是我！"

为了赚钱，她在家帮人洗衣，也在学校上课前和放学后帮邻居照顾小孩。尽管生活发生巨变，艾尔和克莉斯朵还是快乐地过活，而且更为亲密。

圣诞节的两个星期前，艾尔又摔倒了，摔断了髋关节。克莉斯朵搬到他医院床边的那张椅子上,我担心她总是在椅子上睡会累坏身子,敦促她晚上回家睡觉。

"亲爱的,不用担心!"她哈哈大笑说,"我睡得很好,我全身都是枕头呢!"她拍着圆圆的身体,并且比个手势,要我到走廊上说话。

"我觉得他好像离我愈来愈远了。"她的眼睛浮上泪水,"他老是在睡觉,也不肯吃东西。有时候又拼命说话,他一直说'我不能搞砸它,不能搞砸它',不知道他在指什么。他以为自己还在家里,一直问我圣诞节过了没有。我要带他回家!我只想说这句话。"

我建议,艾尔可能即将辞世,或许想对她说,他担心他的离去会搞砸她这一次和以后的圣诞节,因此给她造成悲伤的记忆。她瞪大眼睛,大步走回他的病房。

"给我听仔细了,艾尔,"她斩钉截铁地说,"你没办法搞砸我的任何事的。我爱你,我们搬回家去,我会照顾你,听到了吗?"

艾尔微笑着点头。

救护车送他回家,进入一个节庆的氛围:到处都是音乐、灯光和彩带!克莉斯朵穿上最好的衣裳,戴上圣诞树的耳环。客厅正中央,是一张租来的医院病床,上面摆满了圣诞礼物,艾尔像孩子似的睁大了双眼。26日晚上,他静静辞世,身上穿着克莉斯朵送他的圣诞礼物:一件T恤,上面写着"别碰他!他是我的!"还有脖子上的仿金项链。就像在医院时那样,克莉斯朵睡在他身边的椅子上,她的头,枕在他身边的那张床上。

"我知道这听起来很疯狂。"丧礼上,她这么对我说,"但是那是我度过的最棒的一次圣诞节。他本来担心会搞砸我的圣诞,但是他知道我喜欢为他而忙,那种忙碌,就好像是个送给他的礼物。这使得这个圣诞节对我特别有意义,我永远都不会忘记!"

艾尔的那句话"我不能搞砸它"和频频询问圣诞节过了没有,帮助克莉斯朵明白了他的苦恼,并且尽可能减轻它,这些举动满足了艾尔极度企盼的需求,让他得以安心离去。

被许可的辞世时间

有时候,最佳时机包括得到了别人的许可。这许可可以是含蓄的表达:"一切都会没事的。"也可能明白地说:"你就放手走吧,我会想念你,但是我知道你现在该走了。"对于某些人,这许可必须是非常清楚,而且直接的。

◆ 伯尼的故事

葛莉尔是我的大学同学,自从进入护校以来,我们做了25年的好朋友。我们的长途电话账单一直都很惊人,而她叔叔伯尼被诊断为直肠癌后,我们的电话费更是暴增。

伯尼是个遵守游戏规则的人,单数就是单数,复数就是复数,他的生活一定要循规蹈矩。葛莉尔父亲死后,伯尼成了家族的大家长,尽管身体状况恶化,但是地位不变。89岁的他坚持要一个人独居。他的妻子几年前就过世了，而且没有子女。葛莉尔的家人尊重伯尼的独立，但也担心他的幸福。

伯尼的两个邻居每天傍晚会过来帮他准备晚餐。当他们致电葛莉尔，说伯尼的身体起了变化，出现急剧的衰退时，葛莉尔决定亲自去探视他。

见到他时，她的心为之一沉：六英尺高的他，体重却只有100磅。如果没有别人帮忙，他无法离开那张椅子。他的医生同意，他需要末期照护。她致电当地安宁院，他们迅速采取行动，隔天，就把他纳入居家照护计划。

为了协助安宁护士，伯尼的邻居说，他们可以搬进来跟他住，提供必需的帮助；家族也雇请另外一名护士前来帮忙。葛莉尔的弟弟住在离那里一小时路程的地方，好几个月以来，他固定探视伯尼。葛莉尔确定，伯尼得到的帮忙已经足够，便放心回家了。

六个星期之后，安宁护士来电说伯尼在昏迷与清醒之间反复来回，可能会在一两天之内辞世，于是葛莉尔、弟弟以及母亲（伯尼昵称她"小妹"）回到伯尼的家。身为主人的他，为了这个家族聚会，强自振作，硬撑了几天，但还是衰弱到卧病在床，仅仅能够吞咽或者说话。

他们知道他很快就会辞世，见到他似乎颇为舒适，也很感激，但那终究是一段很感伤的时间。我从电话里听出好友的压力，我说我会开车过去，帮他们照顾伯尼。

"这样太好了。"她说，"这情况，比我和我妈想像的还难。"

为了要顾及没有人在旁照顾的短暂时间，葛莉尔在他床边装了一个对讲机,以便我们在屋内其他地方时也可以照看着他。

"小妹,我该回家了。"伯尼对葛莉尔母亲说。

"我了解。"她说,"没关系的,我们都准备好要让你离开。那边有很多你爱的人在等着你。你如果要去,随时都可以去了。"

他微笑,说:"小妹,我要你跟我一起去。"

"伯尼,我还不能走。"她说,"但是你告诉他们,我很快就会加入你们的。"

"好吧。"他露出虚弱的微笑。两天之后,他无法说话了,但是开始伸出手,急切地挥动。葛莉尔母亲在他身边坐了好几个小时,对他提一些已经过世的亲人,说他们可能在那里等着他呢:他的太太,她的哥哥,还有祖父母。

他吃惊地看着她,说:"他们就在那里!"清楚地说完这句话后,他就不再言语了,但是一整晚都在挥着手。

黎明时分,他陷入昏迷,但没有完全撒手。我们开始纳闷是否有事牵绊他,这压力让大家神经紧绷,脾气焦躁,眼泪呼之欲出。葛莉尔祈祷上天,让伯尼赶快离去。她祈愿他安宁地走,好让家人得到平静。我们轮流在夜晚陪伴他。这一晚,轮到葛莉尔母亲陪他,但我们全部的人都很不安,在伯尼的房间出出入入。凌晨三点,葛莉尔和我一起坐到起居室,我们听到对讲机传来了她母亲的声音,吓了一跳。

"伯尼,听我说。"她说,"我是小妹,这件事很重要!你在这里的责任已经完成,所以,今晚就是离去的时候了,听到了吗?我是小妹,我在告诉你,你已经可以走了。"

葛莉尔用惊奇的眼神看了我好几分钟。"你有没有听到,他的呼吸刚刚改变了。"她说："你相信吗？"

他在清晨七点静静地逝世，我们围在他的床边。我们称赞葛莉尔母亲用那种方式对伯尼说话，她发现被我们听到了，很不好意思。

"我不希望你们认为我在催促他走，"她说，"我只是觉得他一直在伸手挥动，好像是在去留之间挣扎，那是造成他迟迟不走的原因。"

从那之后，我们常聊到，伯尼选的死亡时机实在非常精准，这让我们咯咯发笑。因为我们曾经对他提到他离去之后可能会去哪里、他可能会见到哪些人，还说大家都已准备好让他离去，但是没有人，包括葛莉尔母亲，想到要直接对他说，他该什么时候走。那是我们忽略之处，却是他需要的东西。

有所选择的最佳时机

我们准备这本书的文稿时，发现这个主题对人影响很大。常听有人说："那件事困扰我多年，我现在才懂了。"他们继续说明事情的来龙去脉，比如：

十年前，我的丈夫（或母亲，或小孩）病重住院，我一整个星期都在那里照顾他，某天晚上，他（或她）对我说："你今天晚上回家休息吧。"于是我在晚上十点回家，而他就在半夜辞世了。这些年来，我一直都有罪恶感，觉得为什么我当时不留在那里，现在我想，也许这就是他（或她）要的方式吧。

如果有人问，他可能想出一个答案：

他一直是很注重隐私的人，所以，不难了解他为何想要一个人离开。

或是：

妈妈通常会保护我们，不希望我们难过，我想她可能觉得，当她面临生命终点时，如果我们不在场，会比较轻松吧。

多数人相信，我们的死是因为"时候到了"或疾病终于击垮了我们的身体。这是把死亡看成一件被动的事，把临终者看成无力的人。事实却不然，很多临终者是可以对死亡行使一些控制力的：包括死亡的时间、情况和陪伴在侧的人，这些控制让临终者比较不被动，从而能帮助他所影响的人。

16 Sixteen
临死觉知：实战手册

这一切到底是什么？这些"临死觉知"和临终者发生的各种情况，在现在和以后将如何影响你的生活？

请从自我检视开始。当你遇上自己的或他人的困境时，你通常用什么方式对抗压力？你有什么强项和弱点？你的这些反应，对于临终者，会有什么影响？你害怕死亡吗？如果是，你知道原因为何吗？你有没有恶劣的关系？你对死亡的恐惧是否因为电视电影把它描绘得过度夸张、暴力？你是不是不敢面对未知的世界？

值得深思的生命体悟

最重要的是：

- 你接触某人的临终状况，是想完成什么吗？
- 你是否出于义务而做，还是为了实现自我，或为了其他？

- 你尽全力帮助临终者，是想得到圆满的感觉吗？
- 你的目标和临终者的目标一致吗？
- 你有没有试着帮助他，利用剩余时间挽救他的某些关系？
- 你是否愿意传递这些重要的讯息：爱、感谢和告别？
- 你想学到一些足以面对自己有限生命的体悟吗？

请把你的情绪记录下来。

假如某个至亲即将离去让你感到愤怒，你能否找出愤怒的症结呢？你知道如何平复愤怒吗？若你对于照顾临终者感到紧张，请试着厘清恐惧的起源。是因为要谈到死亡，还是因为不知道该说什么、该做什么？你是不想流泪、不想表现出难过，还是因为悲伤和沮丧让你无法做出任何反应？保持疏离是想要逃避现实吗？忽视事实就能躲掉它吗？

面对死亡，的确很难——无论生理或心理都非常难熬，很容易让人痛苦到无法自拔，最后欲哭无泪，体能耗尽，完全被击垮。

当你能照顾好自己，才能把别人照顾好。容许其他人帮你分担重担与责任，分享那小小的成就和大大的悲哀。要充分休息，享受饮食，规律运动。每天都要做一些让自己放松的活动。定期走出户外，做一些和生计家务无关的事，看一场电影、听一场音乐会，或是吃喝玩乐。和支持你的朋友去享用一顿大餐，参加一个好友聚会，尝试各种放松身心的方法，例如听音乐、冥想、祈祷。如果需要，也可以找心理咨询师谈一谈。

做完自我检测之后，环顾四周，你会寻求他人的帮忙吗？

在这个困难时刻,有人安抚你的情绪起伏吗?有没有人让你不怕向他坦露伤痛与沮丧,例如家人、朋友或咨询师?

你是否信任医护专业人员?他们是否乐意回答你的问题,并提供信息和建议,在现实面和精神面帮你处理这个困境?

你有无足够资源帮助临终者得到实际层面的照顾?如果没有,需从何处取得协助呢?而现实生活的事项,诸如医疗保险的理赔、遗嘱、咨询律师、偿还账款、移转产权和股权,应如何在死者与生者之间圆满解决呢?

当你分析了自己的意愿、处理技巧、目标和资源之后,将之与涉入此事的其他人(包括临终者)相比。每一个参与此事的人有什么习惯行为、反应和目标?他们和你的目标一致还是冲突?这些激荡作用会对你造成什么影响?它们对临终者的照护团队带来什么影响呢?

具体提醒与建议

回想一下临终者面对死亡的反应——否认、愤怒、协商、沮丧、接受,还要记住,这些情绪会出现在临终者身上,也会出现在相关人等身上,他们正挣扎着要正视诊断的事实;努力调整自己的生活,和这个疾病和平共处,并且为那个即将来临的死亡做好准备。你愈早厘清这些问题,就愈早做好准备,以面对这些变化的出现,而不只出现在临终者的表现,也会出现在你的感觉,和与人应对的状况。请记住,需要是会改变的,试着保持弹性。

以下为详细的提醒,将有助于你辨认、理解和回应临死觉知：

- 仔细聆听临终者所说的话。你可以在床边放一支笔和一本活页簿，让任何人都能记下临终者的手势、对话，或任何不寻常的言语，然后和别人讨论。
- 务必记住：无论临终者的表达多么模糊或混乱，每一个沟通都可能包含一些重要信息。临终者所说的话并非全部意义重大，却值得你稍加留意，以免错失重要的信息。
- 注意主要迹象：放空的眼神；焦点在你身后的视线；心烦意乱或隐匿的表现；看起来不合宜的笑容或举止，例如，指着某物、伸手触碰某个别人见不到的人或物或挥开他们；没有明显理由地一直挑剔床单或想要下床；当你不明白这些表达时，对方会被惹恼或因此苦恼。
- 对于你所不明白的事，请温柔追问，例如："能否告诉我发生什么事了"以此展开对话，或问："你今天好像不太一样，可以告诉我原因吗？"
- 你应该采用开放的、鼓励的问法。例如，某个临终者的母亲早就逝世，却说："我母亲在等着我。"你则可反问他："你母亲在等你？"或说："我很高兴你和母亲这么亲，愿意多谈一些吗？"
- 对临终者所说的话，接受它、相信它吧。如果他说："我见到一个美丽的地方！"可以回答："我很替你高兴，我可以看出那让你多么快乐。"或说："谢谢你告诉我这件事，我真的很想知道，你最近情况如何？愿意跟我多说一些吗？"

- 别争辩或挑衅。若你说:"你不可能见到你母亲的,她已经过世十年了。"这将会加重临终者的沮丧和孤立感,甚至使他不愿意进一步与你沟通。

- 临终者可能运用一些来自他人生经验的意象,例如,和他的工作或嗜好有关。飞行员会说他已经准备好下一段航程了。可顺着这个隐喻,问他:"你知道会在何时离开吗?"或"机上有没有你认识的人?"或"我可以做什么,帮助你顺利起飞吗?"

- 若你无法了解,就承认吧。你可以说:"我猜你是想告诉我某件重要的事,但是我想破了头,还是不懂你的意思。请别对我失去耐性。"

- 别催促他。让临终者自己控制这次谈话的广度与深度。他们可能无法用言语表达经验。当你催促他说,会让他更加灰心,不知所措。

- 别让临终者有失败的感觉。若他提供的信息实在太混乱,或是表达得太过模糊,请让他明白你感激他的努力,可以说:"我可以看出你难以描述这个经验,但是我很感谢你愿意和我分享。"或"我看出你有点累了(或有点生气了、有点灰心了),我们晚一点再谈,会不会比较好?"或"不必担心,我们继续努力,会成功的。"

- 若你不知道该说什么,就别说话。有的时候,最好的回应,只需碰着他的手就好,再或者对他微笑、抚摸他的额头。触碰,往往表示出非常重要的意思:"我陪着你。"再不然,你也可以说:"真有趣,让我想一想。"

- 有时候,临终者会选一个看起来不太可能的人去吐露心事。临终者常想对他们觉得安全的人表达重要讯息，他们不会因为他的坦白而感到不舒服或想要躲开。若你是外人，却被选来担任这个角色，请尽可能温柔且完整地将讯息转述给适当亲友。他们可能更能听出信息里的真意，因为他们很了解他。

若你得到的信息是关于临终者的临终感知经验，他们可能是想让你知道：临终之路并不孤单，他们正前往另一个地方，他们预见自己将去向何处，所以觉得很自在；而且他们有可能知道离去的确切时刻。当这种临死觉知愈来愈强，他们的焦虑和恐惧会转化成安宁与舒适。所有见证这种转化的人，同样会感到宁静。

若你听到的讯息是有关"我需要什么才能安宁离去"，他就是在请求你帮他完成意义重大的事。如果情况恰当，请把这个要求转述他人，寻求协助。你可以对临终者说，你察觉到那个要求相当重要，而且表示会很努力帮他完成心愿，且时时向他报告最新进度。若你无法达成那个要求，请诚实以对，并且表示你很同情他的失望。

若你获得的信息是"选择时机"，要了解一件事：如果临终者希望你在他死时可以在场，你可能就会在场；如果他不要你在场，你可能就不会在场。所以继续做你该为生者办的正事吧，别担心你到底要不要在场。而且如果届时你无法在场，也不用觉得遗憾。把它当作是临终者的选择吧！那可能是他要送给你的礼物——不想让你目睹他的死亡。

若临终者需要做信仰上、道德上、私人关系上的和解，请尽可能帮他完成。对他说你会想办法帮他寻求和解，并且描述你正在做什么事。若无法成功,要温柔且诚实地对他说明。

若你解读的信息关于"被拖住"那一类,请复习所有类别的信息,再加上你先前和他的沟通,看能否找出什么遗漏的因素。记得对临终者解释,你正试着了解该帮他什么。

若临终者的状况不差时,则可以谈论他的梦。这种情况下,死亡通常不会很快发生。解读梦境并不容易,不妨问临终者觉得那个梦代表什么,思考那个梦所反映的心情与感情,它是否让临终者觉得惊吓、孤独、失落、焦虑。和他谈一谈,分享你的想法。你可以说:"在我听来,你好像对那个梦感到害怕。"或说:"有什么事吓着你吗?"若你能辨认出梦境的隐含情感,就能帮助临终者了解他自己的需求。

给照护者的提醒

专业照护者(医生、护士、社工、牧师)和其他照护临终状况的人,可能会受益于以下的建议:

• 请用包容、开放的态度看待临死觉知,它并不只发生于安宁院,还可能发生在医院、居家照护——安养中心、急诊室、加护病房、心脏重症室、小儿科病房或任何有人临终的地方。

• 与同事谈一谈临死觉知。将这种现象以图表记录在病患的病历上。我们检视病历上的图表时发现,很少有员工用图表记录这个重要信息,尽管那个现象给他们留下深刻印象。

• "这个经验实在让人难忘,"有护士说,"我凭直觉感到会发生某件不寻常的事,可是我没有把它记在图表上,因为我不想让同事认为我很奇怪或愚蠢。"这种无恶意的沉默,会让其他专业照护者失去了解临终者重要需求的机会,从而无法对之做出回应。

• 要辨认出临死觉知和濒死经验的不同。当病患有临死觉知时,他们在临床上并不是死亡状态,这种意识通常是经过一段时间慢慢产生的,而且在这种意识下常常还能说话,表达出他们从那个意识得到的领悟。你可以帮他们把这个信息分享给其他人。你自己也能从中得到领悟。

• 最重要的是,请别禁不住沟通的快感而随意加入。你无权那么做,也不是你的光荣。你的任务只是教导家属如何倾听、理解、适当回应临终者的信息。亲友们分享这个信息后,也许就能用比较正面的态度看待这个负面的消息,从而在此刻与以后,得到某种程度上的宽慰。他们或许也能从中找到新的人生意义和死亡价值。

我们不能拿我们从临死觉知得来的领会当作一种试金石,以为它能缓和所有的死亡;也不能拿它当作灵丹妙药,以为它可以治愈任何死亡所带来的伤痛。不过,临死觉知所含的信息的确提供一个较大的格局,在这个格局之中,死亡不再被看成一个寂寞的、恐怖的、锐不可当的事件,同时,亲近临终者的人也可以从那个无法避免的死亡中,找到一个不断涌出安慰的泉源。

但愿我们对临死觉知的解释和故事能帮你用和我们一样的态度看待临终者。请别再将他们当成无声接受厄运的人,而是看作我们的良师；他们不是阴暗的影子，而是光明的灯塔；他们不是让人可怜或蔑视的对象，而是有指引能力的人。他们让我们认知，有一个现世以外的世界存在。

我们很荣幸自己有这个特权，认识这些临终者和他们的家属，而且庆幸自己可以照护他们，为他们提供些许舒适。他们的教导让我们开窍，我们的人生也脱胎换骨了。谨献上此书，纪念他们。

生命是永恒的，爱是不朽的，而死亡不过是道地平线，一道无法阻碍你任何视野的地平线。

——雷蒙医师（Rossiter Worthington Raymond，1840–1918）

致　谢

我们非常幸运,在写作这本书时,得到了许多才华横溢的人的帮助与指导。首先要感谢我们的第一位编辑玛丽·波以肯（Mary Boyken）,若不是她的温柔鼓励,我们的这趟写作之旅不可能启程,这本书也不会定名为此。

专业杂志《护理》（Nursing）对我们写作这本书有极大的帮助,他们刊登了我们对这议题的第一篇文章；而美国国家安宁疗护组织（National Hospice Organization）也鼓励我们在他们的出版物和大会上分享这个新知。我们在此对他们表示深深的谢意。

我们还要感谢汪达·威葛佛—威廉斯（Wanda Wigfall-Williams）,她介绍我们认识了我们的出版经纪人盖尔·罗斯（Cail Ross）,盖尔一直以来都是我们的定心丸、指引者,还是我们的拥护者和朋友。

我们很感谢我们的出版发行人安·派蒂（Ann Patty）,还有她的工作伙伴芳达·度凡诺（Fonda Duvanel）,她们的热情协助,实在令人感激；还要感谢麦可·多兰（Michael Dolan）的宝贵贡献,他愿意担任这本书的编辑。

玛姬也要感谢那位才华出众、热心帮忙、眼光独到、幽默风趣的陶德·派瑟，若不是他的协助，这本书最后的编辑过程一定会困难许多。

　　这本书，不只反映了我们的工作内容，还描绘出这些年来与我们在安宁院同甘共苦的同事，她们的热情付出和技术高超的护理能力，使得她们成为病患心中无人能比的首选护士。她们工作的支持和奉献，对我们来说真是无价之宝，而她们身为我们的朋友，丰富了我们的生命。

　　最重要的呢，我们要感谢许多临终的人，这本书若没有他们，便写不出来，他们是我们最睿智的明师，给了我们许多奇妙的礼物。

I WASN'T
READY TO
SAY GOODBYE

安慰之光
失去亲人的疗愈

[美]布鲁克·诺尔和帕梅拉·布莱尔博士著

两位经历丧亲之痛的女士，
写作了这本书，
携手悲痛风暴中的人们重建生命。

·美国亚马逊·
分类畅销榜冠军

"虽然死亡会使生命结束，但它永远不会使一段关系结束。"